Wilhelm Preger

Über das Verhältnis der Taboriten zu den Waldesiern des 14. Jahrhunderts

Wilhelm Preger

Über das Verhältnis der Taboriten zu den Waldesiern des 14. Jahrhunderts

ISBN/EAN: 9783743482494

Hergestellt in Europa, USA, Kanada, Australien, Japan

Cover: Foto ©ninafisch / pixelio.de

Manufactured and distributed by brebook publishing software (www.brebook.com)

Wilhelm Preger

Über das Verhältnis der Taboriten zu den Waldesiern des 14. Jahrhunderts

Ueber das

Verhältnis der Taboriten zu den Waldesiern

des 14. Jahrhunderts.

Von

Wilhelm Preger.

Aus den Abhandlungen der k. bayer. Akademie der Wiss. III. Cl. XVIII. Bd. 1. Abth.

München 1887.

Verlag der k. Akademie

in Commission bei G. Franz.

Es ist eine der Aufgaben der geschichtlichen Wissenschaft, die Kräfte zu ermitteln, aus deren Ineinanderwirken neue Erscheinungen in der Völkergeschichte hervorgehen, und so hat man denn auch bis auf die neuere Zeit eifrig nach den Quellen geforscht, aus welchen die grosse husitische Reformbewegung entsprungen ist. Der Ansicht des Flacius[1]), die dann für lange Zeit die herrschende geblieben ist, und nach welcher Hus, seine Vorgänger und Nachfolger die geistigen Söhne der Waldesier sind, trat in neuerer Zeit Palacky[2]) entgegen. Ihm zufolge haben Hus und seine Vorgänger die Lehren der Waldesier wohl gekannt, aber diese haben keinen nennenswerten Einfluss auf sie geübt und später sind die Taboriten und die böhmischen Brüder sogar die Lehrer der Waldesier geworden. Für diesen letzteren Punkt konnte sich Palacky auf Dieckhoff[3]) und Herzog[4]) berufen, welche in der angeblich sehr alten waldesischen Literatur husitische Elemente erkannt hatten. Auch Gindély[5]) leugnet jeden unmittelbaren oder mittelbaren Einfluss der Waldesier auf die böhmischen Brüder, während hinwieder von Zeschwitz[6]) von einem wechselseitigen Lehraustausch zwischen beiden Kreisen spricht.

---

1) Catalogus testium veritatis. Francof. 1666. p. 640. 726. Derselbe in seiner Vorrede zur Confessio Valdensium. Bas. 1568.

2) Ueber die Beziehungen und das Verhältnis der Waldenser zu den ehemaligen Secten in Böhmen. Prag 1869. 8. 19 ff. 33 ff.

3) Die Waldenser im Mittelalter. Göttingen 1851.

4) Die romanischen Waldenser etc. Halle 1853.

5) Geschichte der böhmischen Brüder. Prag 1868.

6) Die Katechismen der Waldenser und böhmischen Brüder als Dokumente ihres wechselseitigen Lehraustausches. Erl. 1863.

Mit diesen Fragen berührten sich meine „Beiträge zur Geschichte der Waldesier im Mittelalter" [1]) insoferne, als ich in denselben nachwies, dass es in Böhmen zahlreiche Waldesier im 14. Jahrhundert gegeben habe, dass diese dem Kreise der italienischen Waldesier angehört hätten, und als ich zugleich einen Teil des Quellenmaterials zu der Lehre dieser Waldesier mitteilen oder bezeichnen konnte, welches man verwenden müsse, wenn man aus der Vergleichung der Lehre beider Teile zu einem einigermassen sicheren Urteile über deren Verhältnis zu einander gelangen wolle. Jaroslav Goll [2]), einer der neuesten Forscher auf dem Gebiete des Husitismus, stimmt meinem Nachweis im wesentlichen bei, aber da er bei seinen Untersuchungen vornehmlich nur das Verhältnis der Waldesier zu den späteren böhmischen Brüdern im Auge hat, so werden von ihm die Beziehungen der Waldesier zu den Anfängen der husitischen Bewegung, insbesondere zu den Taboriten, nur nebenbei und unvollständig behandelt, wobei er zugleich die Lehrunterschiede zwischen den französischen und italienischen Waldesiern unberücksichtigt lässt.

Eine eingehendere Untersuchung in dieser Hinsicht vorzunehmen, ist die Aufgabe der vorstehenden Abhandlung. Ich gedenke zuerst noch einmal den Boden zu untersuchen, auf welchem die Taboritenpartei entstanden ist und zwar mit Hinblick auf die Waldesier, an welche uns die Taboriten in der Lehre vielfach erinnern; sodann sollen einige der Quellen für die Lehren der beiden Religionsparteien besprochen und hierauf die Lehre der Taboriten in deren Anfangszeit mit jener der österreichisch-böhmischen Waldesier im einzelnen verglichen werden, worauf schliesslich noch zu fragen sein würde, ob gleichzeitige Quellen das aus der Vergleichung gewonnene Resultat auch durch geschichtliche Mitteilungen bestätigen.

---

1) Abhandl. der k. Akad. d. Wissenschaften. III. Cl. Bd. XIII. Abth. I. München 1876. S. 181 ff. und gesondert gedruckt, München, Verlag d. k. Akad.
2) Quellen und Untersuchungen zur Geschichte der Böhmischen Brüder. I. Prag 1878. II. 1882.

I. Waldesier in Böhmen im 14. Jahrhundert.

Schon im Anfange des 14. Jahrhunderts gab es in Böhmen zahlreiche Häretiker, wie uns dies unter anderm ein Bericht über die Inquisition in Niederösterreich vom J. 1315[1]) und ein Brief des Papstes Johann XXII. vom 1. April 1318[2]) bezeugen. Wenn Palacky[3]) aus den in dem päpstlichen Briefe mitgeteilten Irrlehren die Vermutung schöpft, dass hier von Katharern und nicht von Waldesiern die Rede sei, so ist das gewiss begründet. Denn unter ihren Irrtümern findet sich z. B., dass Christus nur einen Scheinleib gehabt habe, oder dass Lucifer dereinst wieder zur Herrschaft gelangen werde. In gleicher Weise lehrten auch die Ketzer in Niederösterreich, dass Lucifer dereinst Michael besiegen und zu seiner früheren Herrlichkeit wieder gelangen werde und zwar für ewig. Wir haben es, darüber kann kaum ein Zweifel sein, in den beiden fast gleichzeitigen Mitteilungen mit Ketzern eines und desselben Zweiges der Katharersekte zu thun, deren Lehren entweder mit den Grundsätzen schrankenloser Unzucht, wie sie die Brüder des freien Geistes hegten, vermischt waren, oder durch den Irrtum der Inquisitoren in diese Verbindung gebracht wurden. Das Schreiben des Papstes vom 1. April erwähnt dieser Irrlehren in Böhmen im Zusammenhang mit Anschuldigungen, welche der Propst von Leitmeritz gegen den Bischof Johann von Prag beim päpstlichen Stuhle erhoben hatte. Nicht der Bischof, sondern König Johann war es, welcher die Ketzer verfolgt wissen wollte. Erst auf des Königs beständiges Andringen hin war von dem Bischof eine Inquisition angeordnet, aber auch nach kurzer Wirksamkeit wieder aufgelöst und das Todesurteil, das sie über 14 Häretiker gesprochen hatte, kassiert worden. Diese und andere Dinge sind es, um deren willen der Bischof jetzt durch den Papst suspendiert und zur Verantwortung nach Avignon geladen wird. Einen Monat später, am 1. Mai 1318, ordnet

---

1) Bei Friess, Patarener, Begharden und Waldenser in Oesterreich während des Mittelalters, Beil. V, in der Oesterr. Vierteljahrsschr. f. kath. Theol. Herausgeg. v. Wiedemann, 11. Jahrg. Wien 1872.
2) Bei Dudik, Iter romanum II, 136 ff.
3) A. a. O. 15.

der Papst eine neue Inquisition für Böhmen und Polen an, mit welcher die Dominikaner Colda und Peregrinus und die Minoriten Hartmann und Nikolaus von Krackau betraut wurden [1]). Die Inquisitoren werden dem Könige von Böhmen, den Herzogen von Krackau und Breslau, dem Markgrafen von Meissen und den Bischöfen dieser Länder zur Unterstützung in ihrem Amte empfohlen. Aus dem Schreiben an den Bischof von Krackau ersehen wir, dass dieser Bischof zwar nicht, wie sein Kollege in Prag, ein Beschützer der Ketzer, wohl aber ein sehr gleichgültiger Zuschauer war, als sich diese auch in seiner Diöcese verbreiteten. Da nun der Eingang des Briefes an den Krackauer Bischof von verschiedenen und mannigfaltigen Häresieen in Böhmen und Polen spricht, so werden wir aus dem Umstande, dass in dem Briefe des Papstes vom 1. April nur Irrtümer der Katharer erwähnt sind, nicht den Schluss ziehen dürfen, dass damals nur die Sekte der Katharer in Böhmen vertreten gewesen sei. Es muss vielmehr die Inquisition vom J. 1318 auch Waldesier in Böhmen vorgefunden haben. Denn auf diese Inquisition wird die Notiz des Flacius [2]) zu beziehen sein, welcher sagt, er sei im Besitze von Akten über eine Inquisition gegen die Waldesier in Böhmen und Polen, welche um das Jahr 1330 zur Zeit König Johanns von Böhmen stattgefunden habe, da nur von der Inquisition des J. 1318, und nicht von einer zweiten gleich nachher zu erwähnenden Inquisition, welche im J. 1335 ihr Werk begann, in den Briefen des Papstes gesagt ist, dass sie für „Böhmen und Polen" angeordnet sei, während jene zweite für Böhmen und Mähren bestimmt war.

Diese böhmischen Waldesier aber gehörten dem Missionsgebiete der italischen und nicht der französischen Waldesier an. Denn jenen Akten des Flacius zufolge „pflegten" dieselben ihre Kollekten den Brüdern und Lehrern in der Lombardei zu senden, wie denn Flacius auch noch weiter bemerkt, er finde in andern Inquisitionsakten, dass die Waldesier in Böhmen ihre künftigen Lehrer bei den Lehrern in der Lombardei hätten ausbilden lassen. Aus der zu den Akten des Jahres 1330 gemachten Bemerkung ist zugleich ersichtlich, dass die Waldesier schon seit geraumer Zeit in Böhmen ihre Anhänger gehabt haben müssen,

---

1) Raynald Annal. ad a. 1318 nr. 43. 44. cf. Dudik a. a. O. 8. 84 u. 85.
2) A. a. O. 638.

denn es heisst, sie seien gewohnt gewesen, ihre Kollekten nach der Lombardei zu senden — quas soliti sunt mittere. Dass nun aber die Waldesier auch nach dieser ersten Inquisition unter König Johann in grosser und stets wachsender Zahl in Böhmen fortbestanden, das geht aus den Mitteilungen hervor, welche wir über die zweite zur Zeit König Johanns veranstaltete Inquisition im J. 1335 besitzen [1]. Benedikt XII. ernannte in diesem Jahre für Böhmen den Dominikaner Gallus de Novo Castro, für Mähren den Minoriten Peter von Nuczeraz zu Inquisitoren. Bald nachher finden wir den genannten Gallus im südlichen Böhmen und zwar auf den Gütern des Freiherrn Ulrich von Neuhaus in Thätigkeit. Hier gelingt es ihm, viele Ketzer zur römischen Kirche zurückzubringen. Als er aber gegen das Jahr 1340 auf längere Zeit an den päpstlichen Hof nach Avignon verreisen musste, fielen die Neubekehrten wieder ab, und die Ketzer kündeten jetzt sogar dem Herrn von Neuhaus, welcher die Inquisition eifrig unterstützt hatte, Fehde an. Gallus kehrte zurück, und am 13. September 1341 ermahnt der Papst den Bischof von Prag und den Sohn des Königs, den Markgrafen Karl von Mähren, den Gallus und seine Nachfolger im Amte auf jede Weise zu unterstützen. Aus einem gleichzeitigen Briefe an den erwähnten Ulrich ersieht man, dass die Ketzer inzwischen auf dessen Gütern arge Verheerungen angerichtet hatten und dass es an Kerkern für die gefangenen Ketzer fehlte. Den Gallus aber finden wir noch im J. 1346 als Inquisitor thätig.

Unter dem, was sich über diese Inquisition erhalten hat, ist ein Brief des Papstes vom 6. März 1340 von Wichtigkeit, nicht nur, weil er charakteristisch für die Macht der Ketzer und die Zustände des Landes ist, sondern auch, weil er eine Spur enthält, welche uns zur Bestimmung der Sekte, mit der wir es hier vornehmlich zu thun haben, verhelfen kann. Denn weder über die Lehren, noch über den Namen dieser Ketzer erhalten wir sonst einen Aufschluss. Der Papst erteilt in dem genannten Briefe dem Freiherrn von Neuhaus auf dessen Bitte die Vergebung aller seiner Sünden, falls er im Kampfe gegen die zahlreichen Ketzer auf seinen Gütern den Tod finden sollte. Nach der Weise der päpstlichen Briefe

---

[1] Rayn. ad a. 1335 nr. 61 u. 62. Cod. diplom. Moraviae VII. 52. 54. 55. Dudik, Auszüge für Mährens allgem. Geschichte aus den Regesten der Päpste. Brünn 1885. S. 6 u. 7.

werden zuerst die Verhältnisse dargelegt, welche die Bitte veranlasst haben. In der Prager und Olmützer Diöcese seien unzählige Ketzer, insbesondere auf den Gütern des Neuhaus. Viele derselben seien durch den Inquisitor Gallus zu dem Glauben der römischen Kirche zurückgebracht worden; aber nach dem Weggang desselben — er war, wie gesagt, nach Avignon gereist — seien sie wieder rückfällig geworden, hielten Zusammenkünfte mit ihren Magistern, die von ihnen „Apostel" genannt würden — in errores pristinos sunt relapsi, conventiunculas illicitas cum magistris eorum, quos vocant apostolos, faciendo — bedrohten die katholischen Unterthanen des Freiherrn mit Raub, Mord und Brand, und seien an Zahl so stark, dass sie gewagt hätten, dem Neuhaus und seinen Unterthanen Fehde anzukündigen.

Diese Ketzer nun auf den Neuhausischen Gütern näher zu bestimmen, ist besonders deshalb von Interesse, weil die Gebiete, wo wir sie treffen, auch die eigentliche Heimat der späteren Taboriten waren. Denn die Güter des Neuhaus lagen in dem südlichen Böhmen und die Stadt Neuhaus ist nur etwa eine Tagereise von Austie oder Tabor entfernt. Der Brief des Papstes bietet uns dazu die Handhabe, indem er sagt, dass diese Ketzer ihre Magister „Apostel" nenneten.

Höfler, der den Brief des Papstes aus Raynald kannte, deutet ohne weiteres unsere Stelle auf die von Gerhard Segarelli gestiftete Sekte der Apostoliker, wie er denn auch ganz grundlos jene Ketzer, deren wir oben zum J. 1318 gedachten, als Apostoliker bezeichnet. Aber bei den Apostolikern hiessen alle Mitglieder der Sekte Apostel[1]), während bei den Ketzern auf den Gütern des Neuhaus innerhalb der Sekte die Gläubigen von den Magistern unterschieden und nur die letzteren apostoli genannt

---

1) Bernardi Guidonis Practica inquisitionis heretice pravitatis ed. C. Douais. Paris 1886 p. 327 sq.: Novam doctrinam inferens (Geraldus Segarelli) suis auditoribus sub quadam picta et fucata ymagine sanctitatis, ostentans se velle tenere et sequi viam et vitam apostolorum et, sicut fecerunt ipsi apostoli, penitentiam predicare et docere populis viam novam — — unde suos discipulos et sequaces Apostolos nominavit et sic eos voluit appellari, qui viverent sub nullius obedientia nisi solius Dei sicut primi apostoli Domini Jhesu Christi. cf. ib. p. 258 De modo quo recipiuntur ad sectam et ordinem illum. Und p. 259: Quod nullus possit salvari aut intrare in regnum celorum nisi sit de statu seu ordine ipsorum etc., woraus hervorgeht, dass ihre Predigt den Eintritt in ihre Bruderschaft bezweckte. Ein jeder der Aufgenommenen aber hiess dann ein Apostel. Von einem weiteren, durch die „Apostel" geleiteten, Kreis von Gläubigen findet sich keine Spur.

werden. Man könnte nun ferner an die Katharer denken, bei denen im Unterschiede von den Apostolikern die Gemeinschaft der Sekte beiderlei umfasste, einfach Gläubige und Lehrer mit mancherlei Aemtern, deren eines auch das Apostolat war. Aber hier hiessen doch nicht alle Lehrer Apostel, wie bei den Ketzern unseres Briefes, sondern nur je 12 hatten diesen Namen, wenn anders die hierauf bezüglichen Quellenangaben nicht auf einer Verwechslung mit der Anfangszeit der Sekte beruhen oder nicht einon Teil der Sekte nur betreffen[1]). Es bleiben uns nur die Waldesier übrig, auf welche der Satz in dem Briefe des Papstes ohne Bedenken bezogen werden kann. David von Augsburg sagt an verschiedenen Stellen seines Traktats, dass die waldesischen Lehrer sich für die Nachfolger der Apostel gehalten hätten und dass sie die Bischöfe und Kleriker der römischen Kirche „Verfolger der Apostel" nenneten[2]). In gleicher Weise bezeichnen sich im Passauer Anonymus[3]) die Lehrer der Waldesier als imitatores Apostolorum, und heben Bernhard Guidonis[4]), Pilichdorf in seinem Traktat gegen die Waldesier, dann ein ungenannter Bekämpfer der Waldesier aus derselben Zeit wiederholt hervor, dass die Waldesier ihre Lehrer für die wahren Nachfolger der Apostel hielten[5]). Uebereinstimmend mit der Stelle in unserem Briefe: cum magistris, quos vocant apostolos heisst es in dem Berichte über die deutschen Waldesier vom J. 1391 bei Friess[6]): Praedicti nominantur inter eos apostoli, magistri et fratres, und auch in den Prozessakten bei Wattenbach[7]) heissen die Reiseprediger der Waldesier „Nachfolger

---

1) Zu den Aussagen, die Giesler (Kirchengesch. 3. Aufl.) II, 2 S. 536 f. und S. 616 bespricht, vgl. auch Friess in dem obengen. Bericht über die Ketzer in Krems v. J. 1315. a. a. O. p. 254: Item dicubant, se habere XII apostolos etc.
2) S. meine Ausgabe des Traktats des Dav. v. Augsb. München, Verlag d. Akad. 1878. nr. 4. 5. 7. etc.
3) Ich citire aus diesem Werke, das sich handschriftlich auf der Staatsbibl. zu München (Clm. 2714. 311. 9568 befindet, nach den bei Flacius im Catal. abgedruckten Abschnitten. S das. 641 sqq.
4) Bern. Guid. Practica inquisitionis p. 244: sensu suo inflati, cum essent modicum litterati, apostolorum sibi officium usurparent et presumentes per vicos et plateas Evangelium predicare.
5) Max. Bibl. vet. patr. Lugd. 1677. T. XXV, 309: Quia tu (Waldensis haeretice) credis te vices gerere apostolorum, und S. 302: Primo dicunt, haeresiarchas, quos apud se fratres nominant et in confessione dominos appellant, esse veros discipulorum Christi successores.
6) A. a. O. 257.
7) Wattenbach, Ueber die Inquisition gegen die Waldenser in Pommern und der Mark Brandenburg. Aus den Abh. der Berl. Akad. Berl. 1886. S. 43.

Abh. d. III. Cl. d. k. Ak. d. Wiss. XVIII Bd. I. Abth. 2

der Apostel, Apostelbrüder, Apostel", — ebenso in einem Augsburger Bericht[1]) aus dem Ende des 14. Jahrh.: Item dicunt, Apostolos eorum, quos habent, posse consecrare corpus Christi. Wir haben also guten Grund, die Stelle im Briefe des Papstes auf die Waldesier zu deuten und dies um so mehr, als wir das Vorhandensein von Waldesiern in Böhmen in der vorhergehenden Zeit schon bezeugt gefunden haben. Auch noch einige weitere Erwägungen bestärken uns in dieser Annahme. Waren nämlich die Anhänger jener Sekte auf den Gütern des Neuhaus, welche ihre Lehrer apostolos nannte, so zahlreich, dass sie dem Freiherrn und seinen Unterthanen Fehde ankündigen konnten, so dürfte wohl anzunehmen sein, dass sie sich auch in den nächstfolgenden Zeiten noch erhalten haben. Nun aber begegnen wir in der Sammlung der Synodalbeschlüsse von Prag, welche bis 1353 zurückgehen, und in den übrigen böhmischen Quellen aus dem 14. Jahrhundert wohl noch dem Namen der Waldesier, nicht aber einem anderen Sektennamen. Es scheint also, dass die Anhänger anderer Sekten nur wenig zahlreich waren. Nur die Sarabaiten werden noch genannt, aber dieses sind nur einzeln umherziehende Geistliche. Ein weiterer Umstand, welcher für die Waldesier spricht, ist die Thatsache, dass in den den Neuhausischen Gütern benachbarten österreichischen Landen Waldesier schon seit langer Zeit in grosser Zahl vorhanden waren, welche, wie wir aus dem Passauer Anonymus ersehen, mit grossem Eifer ihre Lehre zu verbreiten suchten. Es ist aber nicht wohl anzunehmen, dass dieselben sollten an der nahen Grenze Böhmens Halt gemacht haben, namentlich in einer Zeit, welche für die Ausbreitung der Sekten so günstig war, wie die Johanns von Böhmen, unter welchem das meist sich selbst überlassene Land in immer grössere Verwirrung geriet. Wohl fanden sich in der Anfangszeit des Jahrhunderts auch zahlreiche Katharer in den österreichischen Landen, wie wir gesehen haben, allein diesen scheinen doch die Verfolgungen im Anfang des 14. Jahrhunderts den Todesstoss gegeben zu haben, da die Spuren dieser Sekte von jener Zeit an in Oesterreich, wie in dem westlichen Europa überhaupt, allmählich ganz verschwinden.

---

[1] Cgm. 342, f. 1 sqq., auch h. Oefele, Rer. boic. script. I, 620.

Unter den Prager Synodalbeschlüssen von 1353—1413, welche Höfler veröffentlicht hat [1]), geben diejenigen von 1353 nur das Verlangen kund, die verderblichen Ketzer in Böhmen mit der Wurzel auszurotten. Erzbischof Ernst befiehlt da den Archidiakonen, den Ketzern und anderen verderblichen und verdächtigen Personen sorgfältig und vorsichtig nachzuspüren und dieselben ihm oder dem Inquisitor für die Ketzerei zur Anzeige zu bringen. Zwei Jahre später (1355) ergeht ein gleiches Mandat wegen der Ketzer, von welcherlei Sekten sie auch sein mögen (quarumcunque sectarum), und wegen derer, welche an ihre Irrtümer glaubten oder sie begünstigten. Einige nähere Andeutungen gibt uns erst das Synodalstatut von 1371, in welchem unter Berufung auf eine päpstliche Bulle über die Häretiker allen Klerikern, welche nicht Pfarrgeistliche sind, und allen Laien, wie gelehrt sie auch sein mögen, das Predigen verboten wird, wenn sie dazu nicht die Erlaubnis des Erzbischofs haben. Auch hat der Erzbischof vernommen, dass viele auf Rat des Teufels die Feste der Heiligen nicht feiern und niedrige Arbeit an denselben thun. Dagegen hätten die Geistlichen durch Androhung der Verweigerung der Sakramente einzuschreiten. Hiermit ist das um 10 Jahre später erlassene Statut (1381) zu vergleichen, in welchem der Erzbischof Johann, die Statuten seines Vorgängers über die Häretiker und Schismatiker ergänzend, von der verderblichen Einwirkung der Sarabaiten und „jener verdammten bäurischen Waldenser" spricht, welche in den benachbarten bischöflichen Diöcesen ungestraft ihr Wesen trieben. Der Erzbischof befiehlt kraft eines ihm vom apostolischen Stuhl übertragenen Vikariats den Bischöfen von Regensburg, Bamberg und Meissen die strengsten Massregeln gegen die genannten Ketzer zu ergreifen. Er wurde ohne Zweifel zu diesem Schritte genötigt, weil seine eigene Diöcese durch die Ketzer von den angrenzenden Bistümern aus gefährdet war. Sarabaiten hiessen umherziehende schismatische Minoritenmönche, welche die herrschende Kirche als eine durch den Besitz weltlicher Güter verderbte angriffen und in der Rückkehr zur äussersten Armut die einzige Rettung sahen. Sie könnte man in dem Statut vom J. 1371 unter jenen Geistlichen ohne Pfarramt verstehen, welche ohne erzbischöfliche Erlaubnis

---

1) Abhandl. d. k. böhm. Gesellschaft der Wissenschaften. V. Folge. 12. Bd. Prag 1863.

predigten, wie anderseits unter den Laienpredigern die Reiseprediger der Waldesier gemeint sein könnten. Jedenfalls aber bezeugt das Statut von 1381 klar und deutlich das Vorhandensein von Waldesiern in Böhmen in jener Zeit und ihren für den Erzbischof bedenklichen Einfluss. Ebenso fehlt es uns nicht an Zeugnissen, welche den Fortbestand der Waldesier in Böhmen bis zum Ende des Jahrhunderts bekunden. Flacius sagt, wo er im Catalogus seiner Quellen über die Waldesier gedenkt, er besitze auch einen grossen Band von Prozessen, in welchem 443 Waldesier mit Namen angeführt seien, welche im J. 1391 in Pommern und in der Mark vor dem Inquisitionsgericht gestanden hätten. Viele dieser Waldesier hätten bekannt, dass sie schon 20 und 30 Jahre der Sekte angehörten, viele auch, dass bereits ihre Vorfahren so geglaubt hätten. Auch hätten sie angegeben, dass ihre Lehrer aus Böhmen zu ihnen zu kommen pflegten. Diesen Band von Inquisitionsakten hat in neuester Zeit Wattenbach in der Wolffenbüttler Bibliothek wieder ermittelt und in den Sitzungsberichten und sehr eingehend sodann in den Abhandlungen der Berliner Akademie der Wissenschaften darüber berichtet[1]). Der Band ist jetzt nicht mehr vollständig: von den 443 Verhören fehlen 303; das letzte ist mit der Nummer 443 bezeichnet, bestätigt also die Identität mit den Prozessakten des Flacius. In dem uns erhaltenen Teile dieser Akten findet sich nun keine Aussage über die aus Böhmen kommenden Lehrer und Wattenbach hält die Notiz des Flacius zwar an sich nicht für unwahrscheinlich, aber er meint auch, Flacius könne jene Notiz aus einem Inquisitionsprozesse vom J. 1458, dessen Akten den vorigen beigebunden sind und in denen von „den treuen Brüdern aus Böhmen" die Rede ist, irrtümlich hier hereingebracht haben. Gegen die Annahme einer Verwechslung scheint mir indes der Umstand zu sprechen, dass Flacius an einer anderen Stelle des Catalogus (732) offenbar aus diesem zweiten Prozesse einen Matthäus Hager als Husiten mit der Jahrzahl 1458 anführt, woraus man ersieht, dass ihm die Verschiedenheit der Zeit der beiden Prozesse wohl in der Erinnerung war. Wir werden darum richtiger gehen, wenn wir annehmen, dass des Flacius Notiz über die böhmischen Lehrer aus dem jetzt verlorenen Teil der

---

1) Ueber Ketzergerichte in Pommern und der Mark Brandenburg. Sitzungsberichte 1886. Ueber die Inquisition gegen die Waldenser etc. Aus den Abhandl. etc. S. o.

Akten, der der grössere war, entnommen sei. Aus dem noch vorhandenen Teil ergibt sich übrigens, dass die Inquisition nicht im J. 1391, wie Flacius bemerkt, sondern vom Januar 1393 bis Februar 1394 in Pommern und Brandenburg thätig war. Geht nun aus diesen Akten hervor, dass die Waldesier schon vom Anfang des Jahrhunderts an in den beiden genannten Ländern heimisch waren, und sind ihre Lehrer aus Böhmen gekommen, so wird auch hiedurch bestätigt, dass die Sekte in Böhmen schon seit langer Zeit bestanden habe. Mit jener pommerisch-brandenburgischen Inquisition war, wie wir aus Wattenbach ersehen, der Cölestiner Petrus betraut. Kurz vorher hatte derselbe auch in Thüringen inquiriert, und von Brandenburg muss er dann nach Böhmen und von da nach Oesterreich gegangen sein, um seine Inquisitionsthätigkeit hier und in Ungarn fortzusetzen. In der Zeit, da er in Oesterreich die Waldesier zu verfolgen begann, das ist im J. 1395, schrieb Petrus von Pilichdorf wahrscheinlich mit Hilfe des ihm von dem genannten Inquisitor gelieferten Materials seine Streitschrift wider dieselben [1]). Er fragt da unter andern die waldesischen Lehrer, warum sie nicht bei ihren Schafen in Thüringen, der Mark, in Böhmen und Mähren ausgehalten hätten, wo jetzt durch Gottes Gnade innerhalb zweier Jahre über 1000 waldesische Häretiker zum katholischen Glauben bekehrt worden seien, und warum sie nicht nach Oesterreich und Ungarn kämen, wo die Inquisitoren hofften, gleichfalls wieder mehr als 1000 waldesische Gläubige (credentes) dem Schlunde des Leviathan zu entreissen.

Rechnen wir von den mehr als 1000 Waldesiern, welche in den genannten Ländern durch die Inquisitoren zum Abfall von ihrem Glauben gebracht wurden, für Thüringen [2]), wo die Inquisitoren nur kürzere Zeit waren, eine kleinere Zahl und für die Mark jene 443 Namen ab, so

---

1) Max. biblioth. T. XXV, 281 ff. Gretser, der den Traktat hier abdrucken liess, lässt am Schlusse die Worte: Expliciunt obviationes sacrae scripturae erroribus Waldensium A. D. 1444 ohne weitere Bemerkung. So haben Gieseler, Hahn u. a. den Traktat in das J. 1444 gesetzt. Ich machte schon früher darauf aufmerksam, dass im Traktat selbst das J. 1395 als Abfassungsjahr bezeichnet werde. Erst nachträglich ersah ich aus den Einleitungen zu den verschiedenen Schriften über die Waldesier in dem genannten Bande, dass auch Gretser die richtige Jahrzahl beachtet, aber am Schlusse die irreführende Notiz 1444 zu korrigieren vergessen hatte. Ueber Pilichdorf bringt C. Müller in seiner noch zu besprechenden Schrift über die Waldesser S. 104 einige sein Leben betreffende dankenswerte Notizen.

2) Vgl. auch H. Haupt, Die rel. Sekten in Franken vor d. Reformation. Würzbg. Stuber 1882. S. 28.

bleiben für Böhmen und Mähren wohl gleich viele Bekehrungen wie in der Mark übrig, woraus auf eine grosse Zahl von Waldesiern in diesen Ländern geschlossen werden kann; denn sicher haben weitaus die meisten sich der Inquisition zu entziehen gewusst. Auf ihren grossen Anhang im östlichen und nördlichen Deutschland überhaupt weist auch der Eingang des Traktats hin. Es heisst da: „Und wiewohl es mancherlei Sektenhäupter und Irrlehrer von allerlei Sekten und Ketzereien in der heiligen Kirche gibt, so gilt es doch ganz besonders gegen jene einzuschreiten und wachsam zu sein, welche, wie allgemein bekannt ist, eine besonders grosse Zahl von einfältigen Christgläubigen von der untrüglichen Wahrheit des rechten Glaubens abfällig machen (de quibus apertissime constat, quod majorem numerum Christi fidelium simplicium a fidei orthodoxae abducunt infallibili veritate) und unter diesen haben in der neuesten Zeit die Leiter (hucresiarchae) der waldensischen Ketzer eine sehr grosse Menge von Christgläubigen durch verkehrte Lehren unter gewissen bestechenden Formen einer heuchlerischen Heiligkeit mit dem tötlichen Gifte ihrer Irrtümer auf unheilbare Weise angesteckt."

Ersehen wir aus den angeführten Mitteilungen, dass unter den Sekten Böhmens im 14. Jahrhundert fast nur die Waldesier, und zwar diese in grosser Zahl, bis zum Ende sich behauptet haben, so werden von hier aus auch die schon besprochenen früheren Zeugnisse, welche uns hinter ihren unbestimmteren Angaben Waldesier nur vermuten liessen, ein bestimmteres Licht erhalten. Sie verstärken die auf anderem Wege gewonnene Gewissheit, dass die überaus grosse Zahl von Ketzern auf den Gütern des Neuhaus Waldesier waren, ferner, dass die im Synodalstatut von 1371 erwähnte Verachtung der Heiligenfeste, das Vornehmen niedriger Arbeit an solchen Festtagen, welche ohnedies durch den Zusatz suadente diabolo wohl auf ketzerischen Einfluss zurückgeführt werden soll, dem Umsichgreifen waldesischer Lehren zuzuschreiben sei.

Wenn J. Goll meinen schon früher geführten Nachweis über die Waldesier in Böhmen, der hier nur erweitert ist, anerkennt, aber mit dem Vorbehalte, dass es in Böhmen keine eigentlichen Gemeinden der Waldesier gegeben habe, die sich durch Generationen im Lande erhalten hätten, wie wir von Oesterreich mit vollständigster Sicherheit wüssten, dass es dort seit dem 13. Jahrhundert ununterbrochen Gemeinden der

Waldesier gegeben habe[1]), so täuscht er sich, wenn er meint, dass es in Oesterreich mit den Waldesiern anders gewesen sei als in Böhmen. Gemeinden des Waldesier mit regelmässiger Religionsübung und dauernder Organisation gab es überhaupt in Deutschland wohl nirgends, und jene 42 Gemeinden in Oesterreich, die ich aus dem Passauer Anonymus namhaft machte, waren nicht Gemeinden der Waldesier, sondern Gemeinden der römischen Kirche, in denen Waldesier sich vorfanden (Hus ecclesias infecerunt Leonistae etc. P. A.).

Blicken wir auf die bisherigen Erörterungen zurück, so ist das Resultat: Es gab in Böhmen zahlreiche Waldesier ununterbrochen durch das ganze 14. Jahrhundert bis zum Ausbruch der husitischen Bewegung. Insbesondere in Südböhmen und in der Nähe des späteren Tabor fanden sie sich in grösserer Zahl. Sie liessen sich hier durch die Verfolgungen zu gewaltsamer Selbsthilfe fortreissen. Sie hatten ihre Anhänger meist unter der ländlichen Bevölkerung. Sie gehörten hinsichtlich der Lehre vorherrschend der Genossenschaft der lombardischen Armen an. Da nun in der Taboritenlehre manches von vornherein an die Lehren der Waldesier erinnert, so dürfte eine genauere Vergleichung vorzunehmen sein, um zu prüfen, ob und in wie weit sich waldesischer Einfluss bei der Bildung der Taboritenpartei geltend gemacht habe. Doch werden wir zuerst noch einige Bemerkungen über die Quellen für die Lehren beider Kreise vorausschicken.

II. Quellen für die Lehre der böhmischen Waldesier.

Ich werde hier keine Zusammenstellung dessen geben, was über diese Quellen überhaupt bemerkenswert ist, sondern verweise hiefür teils auf meine „Beiträge zur Geschichte der Waldesier im Mittelalter", teils auf die neueste Arbeit K. Müllers[2]), der zum Teil sehr eingehend die betreffenden Quellen besprochen und auf manches bisher Unbekannte oder Unbeachtete von Wert aufmerksam gemacht hat. Hier sollen nur einige Bemerkungen über die wichtigeren dieser Quellen ihre Stelle finden.

---

[1]) Quellen und Untersuch. II, 37.
[2]) Die Waldenser und ihre einzelnen Gruppen bis zum Anfang des 14. Jahrhunderts. Gotha, F. A. Perthes, 1886.

1. Das Sendschreiben der italischen Armen an ihre Brüder und Freunde in Deutschland.

Ich habe diese wichtige Quelle für die frühere Geschichte der Waldesier, die älteste, welche aus dem Kreise der Waldesier selbst stammt, in meinen „Beiträgen", nach drei Handschriften der Münchner Staatsbibliothek, in welchen ich sie fand, zum Abdruck gebracht. Müller hat in seiner erwähnten Schrift durch erneuten Vergleich der Handschriften den Text an einigen Orten richtiger gestellt.

Das Sendschreiben für die Lehre der böhmischen Waldesier zu benützen, rechtfertigt sich durch folgende Umstände. Flacius bezeugt, er habe in Inquisitionsprotokollen, von denen eines aus der Zeit des J. 1330 stamme, gefunden, dass die böhmischen Waldesier ihre Prediger in Italien ausbilden liessen und dorthin ihre Kollekten sandten. Ferner weist der Traktat Pilichdorfs, welcher auf den Ergebnissen der Inquisition in der Mark, in Böhmen sowie in Oesterreich beruht, und der seinen Waldesiern die Lehre zuschreibt, dass der unwürdige Priester nicht wirksam konsekrieren könne (Max. bibl. XXV, 281. 291. 301), auf den Zusammenhang der böhmischen Waldesier mit dem italischen Kreise hin. Auch steht durch den Passauer Anonymus fest, dass die österreichischen Waldesier dem italischen Missionsgebiete angehörten, und dieser bezeugt uns nicht nur den grossen Missionseifer der österreichischen Waldesier, so dass wir schon daraus ihr Vordringen in das benachbarte Böhmen vermuten können, sondern er schöpft auch seine Wahrnehmungen aus einem Gebiete, wo Deutsche und Böhmen vermischt wohnten[1]), wie denn auch einige der von ihm genannten Orte, wo die Waldesier ihren Anhang hatten, dicht an der böhmischen Grenze liegen.

Ich habe das Sendschreiben in die Zeit um das J. 1230 gesetzt; Müller setzt es in das J. 1218 oder kurz nachher, denn der Zweck des ganzen Sendschreibens sei, den deutschen Brüdern den Ausgang der Verhandlungen zu Bergamo, welche im J. 1218 stattfanden, mitzuteilen. Da werde man annehmen müssen, dass, sei es alsbald nach dem Scheitern des Konvents, oder nachdem noch kürzere Zeit verstrichen, in der man

---

[1]) Flac. Catal. 651: Occasio erroris, quod interdum Bohemus sacerdos Teutonicum audit, et neuter alterum intelligit.

etwa vergeblich die Wiederaufnahme der Verhandlungen erwartet hatte, die deutsche Mission von dem Ausgang des Einigungsversuchs unterrichtet wurde.

Aber ob die Italiener nur einfach die deutschen Brüder von den Vorgängen auf dem Konvent in Bergamo haben in Kenntnis setzen, oder ob sie ein Urteil in dem noch fortdauernden Streit haben provozieren wollen, und zu diesem Zwecke nachträglich ihnen einen genauen Bericht über die Vorgänge zu Bergamo haben zukommen lassen, das wird aus den einzelnen Wendungen des Sendschreibens erst zu ermitteln sein.

Und da heisst es nun gleich im Anfang: Scire autem vos, fratres, volumus de controversia, quae inter nos et ultramontanos electos Valdesii socios jam diu versatur, ad quem finem olim a. nat. Chr. 1218 mense maio juxta civitatem Bergami post multas inquisitiones invicem habitas potuimus pervenire. Das Wort olim in diesem Satze war es, welches mich zu der Annahme bestimmte, dass in den Tagen, da das Sendschreiben erlassen wurde, schon eine geraume Zeit seit dem Konvent verflossen gewesen sein müsse. Nach Müller aber, der das Schreiben in das J. 1218 setzt, oder kurz nachher, müsste dann olim soviel als „kürzlich" heissen, und in der That hält er mir auch entgegen: „Im mittelalterlichen Latein hätten derartige Bezeichnungen etwas ausserordentlich Schwankendes, und es müssten z. B. die verwandten dudum, pridem u. a. oft geradezu mit kürzlich übersetzt werden." Für dudum und pridem mag dies gelten, das ist sogar in der alten Latinität schon der Fall; aber olim heisst doch in der Regel eine von der Gegenwart weiter abliegende Zeit[1]). Bestimmend dafür, in welchem Sinne es in unserer Stelle zu nehmen sei, dürfte doch wohl das Sendschreiben selbst sein, wo das Wort noch zweimal vorkommt, und zwar in einem Zusammenhang, wo es unmöglich so viel wie kürzlich bedeuten kann.

---

1) In dem mir eben zur Hand liegenden Schriften aus jener Zeit ist diese Bedeutung die gewöhnliche. Pass. An. (642): Sectae haereticorum ab olim fuerunt multae. Dav. v. Augsb. (215): Olim diffinierunt non jurare omnino, sed quia facilius per hoc deprehendebantur, caute dispensaverunt modo jurare. Ib. (216): Cum olim una secta dicantur Pover Leun etc. Bern. Guid. Pract. inquis. (245): Quia olim a principio sui etc. Joh. Victoriensis zur Wahl Rudolfs von Habsburg 1273: Rediviva quaedam retractione de Salomonis coronatione et unctione cum gaudio, sicut olim, hoc in tempore redeunte.

Wir lasen soeben in der Einleitung, dass die Italiener über die controversia, quae jam diu versatur, berichten wollen. Und auf diesen schon „lange" dauernden, noch fortwährenden Streit bezieht sich die erste dieser beiden anderen Stellen. Sie besagt nämlich, dass man über die drei Hauptursachen, de quibus olim manebat discordia, zu Bergamo einig geworden sei, während über andere Punkte der Streit noch fortdauere. Da das manebat eine länger andauernde Zeit anzeigt, so erstreckt sich auch das olim bis auf den Anfang dieser längeren Zeit zurück, das manebat verträgt ein olim im Sinne von „jüngst" oder „kürzlich" in keiner Weise.

Die andere Stelle unseres Sendschreibens, in welcher olim noch vorkommt, spricht gleichfalls deutlich genug. Die Italiener hatten es in Bezug auf das Abendmahl¹) — olim — in früheren Zeiten anders gehalten, sie vergleichen jene Zeit mit der zurückliegenden Kindheit (1 Kor. 13, 11); jetzt, wo die Schriftwahrheit offenbar geworden ist, wo sie Männer (im Verständnis) geworden sind, können sie nicht mehr so glauben: De credulitate vero sive confessione super hoc sacramento olim nostra objicienti nobis breviter respondemus: Cum essem parvulus loquebar ut parvulus etc. Quando autem factus sum vir, evacuavi, quae erant parvuli.

Aus dem olim im Anfang des Sendschreibens geht also hervor, dass schon längere Zeit seit dem Konvent 1218 verflossen gewesen sein müsse, als das Sendschreiben erlassen wurde. Diese Annahme wird bestärkt durch die Worte des Sendschreibens (nr. 16): Et hoc est unum e duobus, quibus inter nos et Valdesii socios adhuc discordia demoratur, d. h. die auf dem Konvent zu Bergamo aufgeworfene Streitfrage über die Seligkeit des Waldez ist der eine Punkt, durch welchen die Zwietracht bis jetzt in Dauer erhalten, verlängert wird. Also bis jetzt, zur Zeit des Schreibens, hält man seit dem Konvent an den trennenden Meinungen fest. Demoratur — so konnte doch nur gesagt werden, wenn der Kon-

---

1) Vom Abendmahl, nicht von der Beichte ist die Rede, wie ich früher meinte, da ich durch ein Versehen bei dem Abschreiben des Sendbriefs statt De credulitate vero sive de confessione die Worte in umgekehrter Ordnung in den Text aufgenommen hatte: De confessione vero sive credulitate. Müller hat dies durch Vergleich der Handschriften richtig gestellt.

vent nicht eben erst zu Ende gegangen war, sondern wenn der Streit noch längere Zeit nach dem Konvente fortgedauert hatte.

Auch der folgende Satz setzt eine längere Zwischenzeit zwischen dem Konvent und dem Sendschreiben voraus: alterum vero de panis fractione vel sacrificio, de quo ultramontanorum sententia tripliciter, ut audivimus, variatur. Dieses audivimus kann sich nicht auf den Konvent beziehen, das würde sonst durch ein ab ipsis oder ex ore ipsorum angedeutet sein, sondern auf Nachrichten, welche nach dem Konvente ihnen aus Frankreich zugekommen sind.

Hindert uns so das olim des Sendschreibens, dasselbe kurz nach dem Konvente zu setzen, so steht hinwieder ein anderer Umstand im Wege, für dasselbe eine zu späte Zeit zu bestimmen. Denn fünf unter den sechs von den Italienern nach Bergamo gesendeten Vertretern finden sich noch unter den Absendern des Schreibens. Aus diesem Grunde habe ich als die ungefähre Zeit für dasselbe das J. 1230 als die wohl zunächst liegende runde Zahl angenommen.

Trotzdem werde ich im folgenden das Sendschreiben mit dem J. 1218 citieren, weil in ihm der Stand der Dinge, wie er um 1218 war, den Hauptinhalt ausmacht.

2. Der Passauer Anonymus[1]).

Eine zweite sehr wichtige Quelle für die Geschichte der ostdeutschen Waldesier ist der von Gieseler sogenannte Pseudo-Rainer, für den ich als Verfasser einen Priester der Passauer Diöcese nachwies, und den ich daher, da sein Name nicht zu ermitteln war, den Passauer Anonymus genannt habe. Ich habe mich über dessen umfangreiche Schrift, welche gegen die Juden und Ketzer gerichtet ist[1]), in meiner Geschichte der Mystik, sowie in meiner Abhandlung über das Evangelium aeternum und in den „Beiträgen" näher ausgesprochen und dort als die Zeit der Abfassung das J. 1260 genannt, weil in zwei Stellen dieser Schrift als Be-

---

1) Cod. lat. Mon. 2714, die erste Anlage dieses Werkes enthaltend 13 sc. Ich bezeichne diese Handschrift mit C. Clm. 311. 14 sc. = A. Clm. 9558. 14 sc. = B. Einzelne Abschnitte daraus unter dem Titel: Reineri contra Waldenses haerreticos liber in der Max. bibl. Tom. XXV, f. 262 ff., und bei Flacius, Cat. test. ver. 641 ff. Flacius hat auch Abschnitte, die Gretser nicht mit aufgenommen hat.

weis für die Wahrheit des Christentums oder der christlichen Lehre angeführt sei, dass es nun schon 1260 Jahre bestehe. An beiden Orten, so sagte ich, ergebe der Kontext, dass es der Verfasser des Werkes selbst sei, der diese Angaben mache; der Verfasser hat nämlich auch andere von ihm selbst nicht herrührende Schriften ganz oder in Bruchstücken in sein Werk mit aufgenommen. Da es für die Geschichte der von dem Passauer Anonymus bekämpften Lehren von grossem Werte ist, über die Zeit gewiss zu sein, in der er schrieb, und Müller diese Zeit um mehr als ein halbes Jahrhundert später setzt, so wird es nötig sein, die Frage eingehend zu erörtern. Müller sagt S. 154: „Die Abfassungszeit hat Preger auf 1260 festgestellt, weil der Vf. zweimal sagt, die katholische Kirche habe jetzt 1260 Jahre gedauert. Allein diese Angabe führt ja gerade um 30 bis 33 Jahre weiter herab; denn so viel ich bisher beobachtet, rechnet das Mittelalter die Jahre der Kirche nicht von Christi Geburt, sondern von seinem Auftreten, bezw. seiner Erhöhung an." Hier ist nun fürs erste eine kleine Ungenauigkeit zu berichtigen. Der Vf. sagt nicht, und ich lasse es ihn auch nicht sagen, die katholische Kirche, sondern das „Christentum" oder „die christliche Lehre" habe 1260 Jahre gedauert. Das ist aber nicht ganz dasselbe. Denn Glaube an den erschienenen Christus oder Verkündigung des erschienenen Heils war schon vor dem Jahre 33, in welches wir die Gründung der Kirche jetzt zu setzen pflegen. Aber sehen wir auch von dieser Ungenauigkeit ab, setzen wir den Fall, der Vf. habe Jahre der Kirche gemeint, so ist auch dann Müller im Irrtum. Schon von vorn herein lässt sich ja vermuten, dass der Vf. da, wo es sich um keine subtile Bestimmung, sondern um eine den Lesern geläufige Anschauung handelt, diesen nicht habe sagen wollen, jetzt d. i. im Jahre 1293 besteht die Kirche nun schon 1260 Jahre, sondern er wird einfach die Jahre der Kirche Christi oder seines Reiches mit den Jahren der christlichen Aera zusammengehen lassen.

Müller beruft sich auf seine Beobachtung. Mit welchem Rechte, kann ich nicht ermessen, da er keine Beispiele anführt[1]). Aber wir

---

[1] Er wird wohl nicht die Stelle bei Pilichdorf l. c. 295 im Auge haben, der im J. 1395 sagt, dass jetzt 1362 Jahre verflossen seien, dass Christus für uns gelitten habe. Denn hier kam es ihm den Waldesiern gegenüber darauf an, zu sagen, seit wann der Schatz der Verdienste

haben vollkommen ausreichende Zeugnisse, aus welchen sich deutlich genug ergibt, dass man in jenen Zeiten die Jahre der Kirche nach den Jahren von Christi Geburt an zu rechnen pflegte, ja dass man den Katharern gegenüber, wie Moneta zeigt, sogar ein Interesse daran hatte, die Jahre der Kirche von da an zu rechnen. So lässt Joachim von Floris[1]) die Zeit für die Sakramente des neuen Bundes 1260 Jahre dauern, und der Verfasser des Verzeichnisses, in welchem die Irrtümer des Evangelium aeternum zusammengestellt sind, nimmt für diese 1260 Jahre das Jahr der Geburt Christi als Ausgangspunkt für etwas ganz selbstverständliches an. Moneta, der kurz vor dem Passauer Anonymus schrieb, widmet in seinem grossen Werke gegen die Katharer und Waldesier der Frage, wann die Kirche angefangen habe, sogar ein eigenes Kapitel, und beantwortet sie dahin, dass die Kirche schon vor Christi Tod und Auferstehung, schon mit seiner Ankunft auf Erden angefangen habe: Dicitur alio modo ecclesia congregatio fidelium, ut fidelis dicatur quis non a fide simpliciter, sed a fide jam nati de virgine, jam passi et sic de similibus. Sic autem coepit ab adventu Christi etiam ante passionem et resurrectionem etc.[2]). So ist es also hinreichend gesichert, dass der, welcher sagt, der christliche Glaube währe nun 1260 Jahre, diese Bemerkung im J. 1260 und nicht 1290 oder 1293 schrieb.

Ferner meint Müller, die Stellen, in welchen das J. 1260 vorkommt, hätten wohl einem älteren Werke angehört und seien von dem Passauer Anonymus in das seinige nur übertragen worden; denn die Stellen fänden sich in einem grösseren Zusammenhang, der jedenfalls ältere Arbeiten enthalte und die Vergleichung der christlichen und jüdischen Religion unternehme. Aber hat Müller diesen grösseren Zusammenhang auch genauer untersucht? Ich will zuerst zeigen, dass die Stellen, welche das

---
bestehe, aus welchem die Kirche ihre Ablässe erteile, und der eben durch den Tod Christi begründet sei.
1) Joachim, Concordia novi ac vet. testam. Ven. 1519. V, 89: Sunt enim menses 42 sive dies 1260, nihilque aliud designant quam annos 1260, in quibus novi testamenti sacramenta consistant. Womit zu vergleichen das Verzeichnis der Irrtümer im Anhang zu m. Abhandlung: Das Evangelium aeternum etc. München 1874. S. 33: Quartus error, quod novum testamentum non durabit in virtute sua nisi per sex annos proximo futuros i. e. usque ad annum incarnationis domini 1260.
2) Moneta, Adversus Catharos et Valdenses libri quinque. Ed. Ricchinius. Rom. 1743. Lib. V, Cap. 2.

J. 1260 enthalten, von dem Verfasser des gegen die Juden gerichteten Teils des Werkes selbst herrühren und nicht aus einer fremden Schrift aufgenommen sind, sodann dass der Verfasser dieses antijüdischen Teiles auch der Verfasser des Teiles ist, welcher über die Waldesier berichtet und sie bekämpft. Die erste Stelle mit dem J. 1260 findet sich in dem Kapitel, das die Ueberschrift trägt De sanctitate legis Christianae. 12 verschiedene Gründe führt der Verfasser an, warum das Gesetz Christi heiliger sei als das des Moses; es heiligt die Seele, jenes nur den Leib; es fordert eine vollkommenere Gerechtigkeit, es ist allgemeiner, es ist dauernder u. s. w. Alle diese Sätze, welche mit Ordnungszahlen versehen sind, werden durch kurze Belegstellen, welche die Unterschiede ins Licht setzen, erhärtet. Der Satz, dass es dauernder sei, enthält unsere Zahl. er lautet: Item quia est diuturnior. Duravit enim per MCCLX annos, sed eorum (Judaeorum) vix duravit per annos dccc a datione legis usque ad Jeroboam (A f. 61°).

Die zweite Stelle kommt in dem Kapitel vor, welches überschrieben ist De doctrina ecclesiastica (f. 63^b). Und da führt er nun, ebenso aufzählend wie in dem besprochenen Kapitel und in der ganz gleichen Art kurzer Beweisführung, an, wie die fides christiana erwiesen werde durch Zeichen, welche Christus und die an ihn Glaubenden gethan, dann durch die Leiden der Heiligen, dann durch die Dauer u. s. w. Der Satz, welcher von der Dauer spricht, lautet auch hier: Probat diuturnitas fidei. Duravit enim MCCLX annis, imo ab exordio mundi.

Man sieht hier leicht, der diese Stellen schrieb, hat auch jedesmal das ganze Kapitel geschrieben. Es ist dieselbe Art der Aufzählung und Beweisführung. Wenn aber diese beiden Kapitel, dann hat er auch die zunächst vorhergehenden und nachfolgenden Kapitel geschrieben, die sich als Glieder eines und desselben Ganzen teils schon durch die Ueberschriften[1],

---

1) A. 55^d: De signis quae Christus fecit in regibus. 56^b: De signis apostolorum. ib. De evidentia signorum Christi. ib. De vindicta pro nece Christi. 56^c: De vindicta dei pro Johanne. 56^d: De Jacobo. ib. De tormentis martyrum propter fidem. 57^b: De vindicta dei in reges pro nece martyrum. 57^c: De signis, quae sancti fecerunt coram principibus. 58^b: De sanctorum obitu glorioso. 59^a: De doctrina Christi. 59^b: Quod attribuunt (Judaei) Deo membra hominis (ist die Replik auf einen Punkt der Lehre von der Menschwerdung Christi in einer Jungfrau, worüber die Juden lästerten). 59^c: De comparatione Moysi ad Christum et sanctos. 59^d: De nova lege. 60^d: De sanctitate legis Christianae. 61^b: Decentior est ritus Christianorum. 61^c: De perfectione doctrinae evangelicae. 62^b: De doctrina apostolica. 63^a: De doctrina ecclesiastica.

teils durch rückbezügliche Anfangsworte[1]), teils durch die gleiche Form der Beweisführung kennzeichnen.

Und weiter — derselbe Verfasser muss dann auch den Anfang zum dritten Teil des Werkes, dem jener Komplex von Kapiteln angehört, geschrieben haben, denn er sagt da (41b): In tertia parte hujus opusculi probatur — — 3. Quod Judaei attribuant Deo figuram et naturum hominis. 4. De divinitate Christi et humanitate. 5. De lege nova. 6. De commendatione legis Christianae et fidei. Die unten genannten Kapitel enthalten die Ausführung dieses Programms, die nur dem 3. Punkte eine andere Stelle gibt, indem sie ihn unter den Kapiteln über die Lehre behandelt. Dieser dritte Teil mit seinem Progamm aber weist wieder auf den Anfang des Werkes zurück. Hier aber redet der gleiche Verfasser. Im 1. Kapitel des ersten Teils, wo wir doch zunächst den Verfasser selbst erwarten können, sagt die Ueberschrift: Es solle hier gehandelt werden von den Vätern vor der Beschneidung, welche das Gesetz in ihrem Herzen geschrieben gehabt hätten, dann von den 7 in Schrift gefassten Geboten u. s. w. Und das erste Kapitel beginnt dann: In prima parte hujus opusculi primo probatur, quod patres, qui ante legem Moysi fuerunt, sancti erant sicut patres, qui sub lege fuerunt. Nun einige aneinander gereihte kurze Schriftstellen. Secundo probat, quia Dei notitiam habebant. Nam Deus frequenter eis apparuit ut Noe etc. Item locutus est cum eis ut cum Job. Item Deum viderunt Job 30: Nunc oculus meus vidit te. Tertio probant signa mira quae cum patribus fecit deus etc. etc. Wir sehen, es ist eine und dieselbe Art der Beweisführung, wie unten in den Kapiteln des dritten Teiles des Werkes, welche die Jahrzahl 1260 enthalten. Suchen wir endlich den Verfasser im Vorwort zum ganzen Werke auf, wo wir ihn doch wohl sicher in seinem eigenen Hause finden werden, so sagt er da: Und weil ich oft mich mit Häretikern und Juden unterredet (contuli) und die Erfahrung gemacht habe, dass beiden gegenüber eine einfache Zusammenstellung (collatio) mehr nützt, als eine subtilis disputatio, ideo compilavi hoc opusculum simplicissimum contra perfidiam Judaeorum ex testimoniis legis et prophetarum et ex hagiographis et testimoniis Josephi et historiae scholasticae

---

[1] f. 59ᵃ: Quod autem lex alia et nova danda erat. f. 60ᵈ: Item lex Christi est sanctior.

et ecclesiasticae et tripartitae et contra haereticorum Leonistarum perfidiam ex autoritatibus novi testamenti. Was der Verfasser hier von seinem Werke sagt, findet seine Bestätigung sowohl in den gegen die Juden wie in den gegen die Waldesier gerichteten Teilen. Es ist seine antijüdische Schrift keine subtilis disputatio, sondern eine simplex collatio, eine Zusammenstellung von Stellen aus der Schrift und der Kirchengeschichte, und die Art, wie er dies in den Kapiteln, welche das J. 1260 enthalten, thut, ist ganz dieselbe wie gleich im Anfang seines Buchs.

Dabei bemerken wir noch folgendes. Der Verfasser weicht hie und da von dem Programm, das er in dem Vorwort gibt, in der Ausführung im Einzelnen ab. Einiges erscheint wie ein Nachtrag, den er vergessen hatte am richtigen Orte zu bringen, anderes erhält eine geeignetere Stellung, aber im allgemeinen wird das Programm eingehalten. Ferner, der Verfasser gibt seine Quellen immer an, wenn er aus einer fremden Schrift grössere Stellen oder auch diese ganz einrückt [1]). Wie sollte er denn gerade in der Reihe von Abschnitten, welcher unsere Stellen mit dem J. 1260 angehören, dies unterlassen haben? Ferner, die Handschrift C ist, wie mir eine genaue Vergleichung ergeben hat, die erste Anlage dieses Werkes, Unausgeführtes in C erhält in A seine weitere Ausführung, Lücken ihre Ergänzung, anderes eine bessere Stellung etc. Verfährt aber der Vf. also mit seinem Material, so ist es ganz undenkbar, dass er nicht das J. 1260, wenn er es wirklich in einer älteren Schrift gefunden hätte, seiner Zeit sollte angepasst haben.

So ist es also nichts mit der Meinung Müllers, die Stellen mit dem J. 1260 könnten einer älteren Schrift entnommen sein. Diese Stellen erweisen sich vielmehr durch ihre Form, so wie durch den Zusammenhang, in welchem sie vorkommen, als unbestreitbares Eigentum des Verfassers dieser gegen die Juden gerichteten Abteilung des ganzen Werkes.

Der Verfasser des Vorworts sagt, er wolle wie gegen die Juden, so auch gegen die Leonisten schreiben, und bemerkt: Quia haeretici Paterini vetus testamentum non recipiunt neque patres et Leonistae omnia statuta

---

1) f. 5ᵈ: Pars Talmut, translata a fratre Theobaldo, superiore Parisiensi etc. 9ᵉ: De Talmuth a quodam Judaeo baptizato. 13ᶜ: Contra carnales Judaeos literales quaestiones M collecta de originalibus libris Augustini, Jeronymi, Origenis etc. 42ᶜ ff.: Die Schrift Isidors gegen die Juden. 55ᶜ: De decem nominibus Christi Hieronymus ad Marcellum.

ecclesiae Romanae a tempore apostolorum respuunt et condemnant, ideo
quinta pars hujus opusculi agit de haereticis. So rühren also auch die
gegen die Waldesier gerichteten Abschnitte vom Verfasser des Werkes
her. Dies zeigt sich auch durch Vergleichung im einzelnen.

Der Verfasser jener zusammengehörigen Abschnitte des gegen die
Juden gerichteten Teils, in welchen das Jahr 1260 steht, bringt aus
seiner Gegenwart eine Anzahl von Beispielen, welche zu seinen Beweisen
dienen sollen. Die Art, wie er sie anführt, die kurze, manchmal nur
andeutende und das Bekanntsein derselben voraussetzende Weise, haben
eine Anzahl von Parallelen in dem gegen die Waldesier gerichteten Teile;
ja in dem zunächst folgenden Beispiele vermute ich, dass es ein und
derselbe Fall ist, der in beiden Abteilungen erwähnt wird und von dem
der mit dem Vorfall vertraute Verfasser hier das eine, dort das andere
zum besten gibt, das sich wechselseitig ergänzt. Im antijüdischen Teile,
wenige Seiten vor unseren Abschnitten mit dem J. 1260 (f. 58 [d]), bringt
er unter den Beweisen für die Wahrheit des Christentums: Item qui
propter quaestum miracula falsa fingunt, fraus eorum saepius est detecta
celeriter et acriter est punita, ut quaestuarius (in) Lengenbach (in
Oesterreich sind mehrere Orte dieses Namens). In der Abteilung gegen
die Waldesier (85 [a]) weist er darauf hin, wie so häufig falsche Wunder
und Reliquien, quas quidam circumferunt per villas et in tabernis
deludunt, den Waldesiern Anlass zum Unglauben geben, und er erzählt
aus seiner eigenen Erfahrung: Quaestuarius publice se jactavit, quod
aciret facere sanctos, quando vellet. Quaesitus quomodo? dixit, quod
saepius os bovis secuit minutatim et involvit purpureis et superscripsit
sanctos quos voluit, et hoc saepe fecit. Und wieder weiter unten (f. 102
cf. Hdschr. B, f. 138): Qui ossa boum habent pro reliquiis ut frater
Weiglinus, qui per tabernas et villas eas portavit. Hier scheint das
Quaestuarius auf den gleichen Fall hinzuweisen, es scheint ein Almosensammler
für die Kirche in Lengenbach, ein Mönch mit Namen Weiglin
gewesen zu sein, der falsche Reliquien umhertrug, von wunderbaren
Wirkungen zu erzählen wusste, sie um Geld verkaufte etc.

Gleich nach obiger Stelle führt der Verfasser weitere Beweise aus
seiner Zeit an: Item multi, in quibus sunt miracula vera facta, vivunt
adhuc, ut servus comitis in Ungaria etc. In dem antiwaldesischen Teil

vergleicht sich damit, was er den Waldesiern, qui miracula ecelesiae non credunt, entgegenhält (f. 85ᵇ): Si miracula ecclesiae non credunt, ergo nec apostolorum credont. Item: resuscitati vivunt adbuc. Im antijūdischen Teil fährt der Vf. mit seinen Beweisen fort: Item quibusdam sine meritis invitis sancti parant beneficia sanitatum ut cuidam ribaldo, quem a 30 annis paralyticum et contractum, ita ut reperet super terram, vidi in capella et in die Jacobi perfectam sanitatem adeptum. Er bringt dann die Antwort, die derselbe im komischen Unwillen über seine Heilung gab, als man ihn aufforderte, nun wieder zu arbeiten, und schliesst mit den Worten: Hoc accidit in villa, in qua natus sum. Die Art, wie er hier einmal eine Anekdote erzählt, erinnert an die Art, wie er in dem antiwaldesischen Teil die Geschichte mit dem Quaestuarius darstellt. Solche Bezugnahmen auf gleichzeitige Vorfälle, die entweder bekannt sind, oder für die er sich auf eine Zeugschaft beruft, finden sich noch verschiedene im antiwaldesischen Teil, wo er die Uebelstände angibt, die zum Unglauben der Waldesier Veranlassung geben, f. 83: Quidam eucharistiam servant in cameris et in hortis ut in Bavaria. Item diaconus tota nocte ludens in taberna mane in camisia celebravit, teste Goth haeresiarcha. Item eucharistia vermibus scaturivit juxta Zwetel. Testes monachi ibidem. f. 85: Fontes venerantur ut in Drozo, ubi in fonte sacerdos baptizat crucifixum et populus offert fonti etc.

Auch das Schema der Widerlegung ist in beiden Teilen das gleiche. Im antijūdischen Teile: Irrident nos, quod sanctorum reliquias veneramur. Contra: Ossa Elyssaei, quae mortuus tetigit et resurrexit. Im antiwaldesischen Teile: Reliquias sanctorum non credunt. Contra Reg. 4: Ad tactum ossium Helisaei surrexit mortuus.

Im antijūdischen Teile: Gegen den jüdischen Einwurf, Christus habe gesagt, er sei nicht gekommen das Gesetz aufzulösen — ergo tenemur circumcidi. Solutio: Ad circumcisionem spiritualem tenemur. Im antiwaldesischen Teile gegen den waldesischen Einwurf, Imagines et picturas dicunt esse idolatrias, Ex 20: Non facies tibi sculptile etc. Solutio: non facies ad orandum.

So zeigt uns also auch die Vergleichung im einzelnen, dass der Vf. jener Abschnitte mit der Jahrzahl 1260 derselbe sei, wie der, welcher die Abschnitte gegen die Waldesier geschrieben hat, mit anderen Worten, dass sie beide von dem Verfasser des ganzen Werkes, dem Passauer Anonymus herrühren.

Müller findet einen Hauptgrund, welcher dagegen sprechen soll, dass der Passauer Anonymus im Jahre 1260 geschrieben habe, darin, dass dessen Ortsverzeichnis mit einem anderen vom J. 1316 fast genau übereinstimme und dieses stehe nach Friess in direktem Zusammenhang mit einer Inquisition von Krems im J. 1315, von welcher Friess gleichfalls einen Bericht aus einer Kloster-Neuburger und St. Florianer Handschrift hat drucken lassen.

Ohne weitere Prüfung der beiden Verzeichnisse und des Zusammenhangs des einen Verzeichnisses mit dem Kremser Bericht nimmt nun Müller die Priorität von Kr (= Bericht über die Kremser Inquisition 1315 resp. 1316) als selbstverständlich an und ist somit gewiss, dass der Passauer Anonymus kurz nach 1316 geschrieben hat, und auf dieser Voraussetzung weiter bauend, zieht er eine Stelle des Passauer Anonymus herbei, in welcher von der Lombardei und der Dominikaner-Provinz Provence die Rede ist, kombiniert damit, dass die Inquisition in Krems von Dominikanern geleitet wurde, und kommt so schliesslich zu der Ansicht, dass der Passauer Anonymus „ein Dominikaner aus Krems ist, der bald nach 1316 seine Arbeit niedergeschrieben hat."

Ich will nun, um zu einem Urteil über die Priorität des einen oder anderen Verzeichnisses zu gelangen, zuvor die Unterschiede beider Verzeichnisse angeben, wobei ich das des Passauer Anonymus nach den beiden Münchner Handschriften der Kürze wegen mit A B bezeichne.

A B bezeichnet seine Gemeinden als von den „Leonisten" infiziert, Kr nur allgemein als pravitate haeretica viciatae.

A B führt 42 Gemeinden an, Kr nur 37.

A B bringt zuerst meist niederösterreichische, dann oberösterreichische Gemeinden, Kr umgekehrt zuerst meist oberösterreichische, und dann von nr. 14 an mit der Bemerkung in Austria inferiori meist niederösterreichische [1]).

---

[1]) Bemerkenswert ist, dass die Hdschr. von St. Florian nach dem Abdruck bei Pez, Script. Rer. Austr. II, 534 von der Kl. Neuburger mehrfach abweicht. In dem Ortsverzeichnis ist die

AB hat etwa 9 Gemeinden, welche in Kr nicht vorkommen, Kr 4 Gemeinden, welche in AB nicht vorkommen, deren Name wenigstens sehr stark entstellt sein müsste, wenn man sie unter einigen jener 9 Gemeinden in AB wieder finden wollte.

AB setzt bei 12 Orten die Bemerkung et ibi scholae, in Kr findet sich nur bei 3 Orten dieser Zusatz.

Kr hat bei dem oberösterreichischen Neunhofen den Zusatz et ibi scholae leprosorum, bei AB fehlt derselbe.

AB hat bei Kematen den Zusatz: et ibi scholae plures et plebanus occisus est ab eis. Kr hat nur den Zusatz et ibi scholae decem, dagegen bringt er am Schlusse des ganzen Verzeichnisses den Satz: Haec autem haereticorum inquisitio non fuit ad effectum, scilicet in Chematen suum plebanum ejusque socium et scolarem in suorum ultionem sceleriter occiderunt. Et fuit obmissum, quoniam de omnibus his occisionibus non fuit judicium.

Und nun einige Bemerkungen zu diesen Unterschieden. Ich knüpfe an den letzt erwähnten Punkt an: AB hat bei Kematen nur et ibi scholae plures. Schlagen wir in der Handschrift um einige Blätter zurück, so findet sich da (A f. 80): Et in sola parochia Coemmath X scolae haereticorum et huius parochiae plebanus est ab haereticis interfectus. et de hoc nullum iudicium est secutum. Sehen wir uns den Zusammenhang dieser Stelle mit dem vorhergehenden Texte an, so finden wir, dass der Vf. hier aus seiner Gegenwart heraus redet: nachdem er von Drohreden berichtet, die er selbst von Häretikern gehört, und Beispiele von ihrer grossen Macht angeführt, fährt er fort: Ich habe der Inquisition und dem Verhör der Häretiker häufig beigewohnt und es sind in der Diöcese (Passau; da es die seine ist, nennt er sie nicht besonders) 40 Gemeinden (ecclesiae) gezählt worden, welche von der Häresie angesteckt waren, und in der einen Pfarrei Kematen etc... folgt nun die oben lateinisch mitgeteilte Stelle. Wir sehen, der Passauer Anonymus schöpft sein Verzeichnis aus den Resultaten einer Inquisition, der er beigewohnt hat. Und von daher hat er auch die Bemerkung et ibi scholae, und da er hier oben bei

---

Ordnung von AB befolgt und fehlt die Jahrzahl 1316, sowie die Schlussbemerkung. Dem Verzeichnis stehen hier einige Sätze voran, die einer Quelle über waldesische Lehren entnommen scheinen und in der Kl. Neub. Hdschr. fehlen.

Kematen die X scholae bereits bemerkt hat, so kann er später im Verzeichnis das X mit einem plures vertauschen. Denken wir uns A B von Kr abhängig, so wäre ferner nicht zu begreifen, warum er nicht zu dem plebanus auch den socius und den scolaris mit abgeschrieben hätte, und warum er überhaupt nur von jenem einem Falle redet, der ungestraft geblieben sei, während seine Vorlage von mehreren redet, und mit ihrem de omnibus his occisionibus wohl andeuten will, dass sie nicht einmal alle nenne. In Kr selbst ist auffallend, dass von einem socius des plebanus die Rede ist; denn socius pflegte man den Begleiter des mönchischen Inquisitors zu nennen. Stände der Urheber des Verzeichnisses in Kr der Inquisition von Krems im J. 1315 wirklich so nahe, so sollte man auch meinen, er würde der Ermordung des Dominikaners Arnold gedacht haben, der um 1315 in Krems durch die Ketzer, wie man glaubte, ermordet wurde, während er nur von den Ermordungen in Kematen zu sagen weiss.

Kr las in A B von der Ermordung des Pfarrers in Kematen und davon, dass de hoc nullum judicium est secutum, und er verband damit, was er von Gewaltthaten gegen die Inquisitoren an andern Orten, vielleicht auch zu Krems, gelesen hatte, und aus dem de hoc nullum judicium est secutum wurde jetzt ein de omnibus his occisionibus non fuit judicium.

Kr schliesst sein Verzeichnis an den Bericht über die Inquisition in Krems 1315 an, der nicht das geringste mit den Waldesiern zu thun hat. Die hier geschilderten Ketzer sind Katharer oder Neumanichäer. Wie kommt es, wenn Kr dem A B zur Vorlage gedient haben soll, dass bei A B so ohne weiteres die „Häretiker" zu „Leonisten" werden? A B kennt die Unterschiede zwischen Leonisten und Katharern sehr wohl; nach seinem eigenen Zeugnis zeichnen sich die Leonisten durch ihren sittlichen Wandel aus, während er den Manichäern die widernatürlichste Unzucht schuld gibt. Wie kommt es, dass A B, der doch so gerne Züge aus seiner Erfahrung, aus seiner Gegenwart in seine Darstellung aufnimmt, da, wo er von jener Unzucht der Manichäer redet (Max. bibl. XXV, p. 272), von den Entdeckungen, welche die Kremser Inquisition dem Berichte zufolge in dieser Hinsicht machte und wovon sie einzelne Vorfälle mitteilt, gar nichts erwähnt? Es ist offenbar, dass A B d. i. der Passauer Anonymus den Kremser Bericht nicht gekannt hat.

Auch die Annalen von Mattsee bringen den Bericht über die Inquisition von Krems. Sie haben das Verzeichnis der 42 Ortschaften nicht. Der Paralleltext, der in der Ausgabe bei Pertz[1]) aus einer Vorauer Handschrift beigedruckt ist, bringt das Verzeichnis ebenfalls nicht, dagegen sagt er am Schlusse: In Chemipnaten plebanum et in Nachlingen (Randbemerkung: vel Machlingen) plebanum cum socio occiderunt et vindicta nulla ex desidia praelatorum secuta fuit. Wir sehen hieraus, dass der Bericht des Passauer Anonymus, welcher bei Kematen nur von der Ermordung des plebanus redet, der ursprüngliche ist, und dass Kr bei Fries seinen socius aus einer anderen Quelle entnommen und willkürlich nach Kematen versetzt hat.

Soweit war ich in meiner Prüfung des Kremser Berichtes, als mir der Gedanke kam, mich nach Kloster-Neuburg selbst zu wenden und um eine Vergleichung der Stelle, auf die es ankommt, und auf die Müller seine Ansicht gründet, mit der Handschrift zu ersuchen. Die Stelle lautet bei Friess: A. D. MCCCXVI inquisitio haereticorum facta infrascriptae ecclesiae inventae sunt pravitate haeretica viciatae. Folgen nun die Namen der Gemeinden. Durch die gütige Vermittelung des Herrn Prälaten erhielt ich von dem Herrn Bibliothekar Professor Peterlin die Antwort: „Die Jahrzahl bei Friess ist ungenau. Die Handschrift hat MCCLXVI." Wir sehen also, Friess hat das L für ein C angesehen!

Somit hätte ich eigentlich die ganze Untersuchung mir und den Lesern ersparen können. Doch wollte ich sie stehen lassen, weil sie den Beweis aus dem Werke selbst bringt, den die Kloster-Neuburger Notiz nun auch von aussen her bestätigt. Demnach möchte sich die Sache entweder so stellen, dass der Anonymus an der ersten Hälfte seines Werkes, der gegen die Juden gerichtet ist, im J. 1260 schrieb und mit der zweiten Hälfte desselben, welche der Bekämpfung der Waldesier u. s. w. dienen sollte, bis zum J. 1266 brauchte, oder dass er es der Hauptsache nach schon um 1260 vollendet hatte und dann nur noch aus der Inquisition des J. 1266 ergänzte.

---

1) Mon. Scriptores IX. 829—837.

3. David von Augsburg.

Die Münchner Handschrift überschreibt den Traktat Davids Tractatus fratris David de inquisitione haereticorum, und mit dieser Ueberschrift habe ich ihn auch abdrucken lassen. Auf dem Titelblatt meiner Abhandlung habe ich ihn Traktat Davids von Augsburg über die Waldesier genannt, weil der Vf. selbst im 3. Kapitel, wo er von der Einteilung seiner Schrift spricht, sagt, er wolle seine Schrift in drei Teile zerlegen, und in dem ersten von dem Ursprung der Waldesier, in dem zweiten von der Weise sie zu verhören, im dritten von den päpstlichen Verordnungen gegen sie handeln. Wenn Müller den handschriftlichen Titel zutreffender findet, so streite ich nicht darum. Mir ist er zu allgemein. David selbst sagt ja, dass er in den drei Teilen seiner Schrift zunächst von den Waldesiern und über die Inquisition der Waldesier handeln wolle. Für die, welche nach Quellen über die Waldesier suchen, orientiert der von mir gewählte Titel rascher und sicherer, und wohl aus gleichem Grunde hat ihn auch Martène, der erste Herausgeber, Tractatus de haeresi pauperum de Lugduno genannt.

Ich habe in meiner Einleitung zu der Ausgabe der Schrift Davids gesagt, es seien überwiegend französische Waldesier, die David im Auge habe: darauf weise schon der Name bei David, sie würden da Pover de Leun genannt; dann aber auch das, was David über ihre Lehren sage: denn wiewohl in seinem Bericht Aussagen vorkämen, die auf italische Arme zurückzuführen seien, so weise doch unter anderm das, was er über die Lehre der Waldesier von der Taufe, von der Ehe und vom Abendmahl berichte, soweit es nicht entstellt sei, auf die französischen Waldesier hin. Müller dagegen kommt zu einem entgegengesetzten Resultate: nach ihm ist Davids Schrift ebenso wie der Passauer Anonymus eine Quelle nur für die Zustände der deutschen von den Lombarden missionierten Waldesier. Bei der Wichtigkeit von Davids Schrift wird es zweckdienlich sein, Müllers Einwendungen und Beweise einer näheren Beleuchtung zu unterziehen.

Zuerst bekämpft Müller meinen Hinweis auf das Pover de Leun. Indem er gar nicht beachtet, dass ich die französische Bezeichnung hervorgehoben habe, argumentiert er gegen mich, als hätte ich sagen wollen, sie würden bei David Pauperes de Lugduno genannt. Natürlich hätte ich damit nichts bewiesen, denn wer weiss das nicht, dass überall in den Quellen Pauperes de Lugduno oder Leonistae als Gesamtname für alle Waldesier, auch die italischen mit eingeschlossen, vorkommt. Aber David braucht die französische Form. Er sagt von ihren perfecti, ihren Lehrern: hi proprie vocantur Pover de Leun, im Unterschiede von den blossen Credentes. In dem waldesischen Gebiete, aus dem David seine Kenntniss schöpft, werden also die Reiseprediger mit dem französischen Worte von den Credentes bezeichnet. Diese französische Bezeichnung stammt doch wohl aus Frankreich und nicht aus Italien? Wer das Sendschreiben gelesen, der weiss, dass sich die italischen Armen nicht so genannt haben und schwerlich die Vermittler dieses Ausdrucks gewesen sind. Der in Baiern vorkommende französische Name deutet mit Sicherheit darauf hin, dass wenigstens die Reiseprediger der Anfangszeit aus Frankreich müssen gekommen sein.

Ich hob ferner hervor, was David seine Waldesier über die Taufe, die Ehe, das Abendmahl lehren lasse, weise auf die französischen Waldesier hin. Müller wendet gegen meinen Hinweis auf die Taufe ein, dass er in Betreff der Kindertaufe bereits gezeigt habe, dass gerade die Lombarden die Ansicht gehabt haben müssen, welche ich den Franzosen zuschreibe. Dass aber sein Beweis auf einem falschen Schlusse beruhe, wird sich unten in dem Abschnitt über die Taufe zeigen. Bezüglich der Ehe sagt Müller, nach David seien „die Armen im engeren Sinne" d. i. die Reiseprediger ehelos; aber der eigentlich trennende Punkt zwischen Lombarden und Franzosen sei ja doch nur die Frage, ob schon der Wille des einen Teils für die Trennung einer Ehe genüge. Und über diese Frage sei hier gar nichts gesagt. Ganz richtig, und das habe ich auch nicht gemeint. Aber David sagt von seinen waldesischen Lehrern, sie sagten, sie hätten — nec certas mansiones, nec conjuges, quas si ante habuerunt, relinquunt. Das aber war bekanntlich bei den französischen Reisepredigern der Fall, dass sie ehelos leben mussten, während wir bei den italisch-österreichischen Reisepredigern die Ehe finden. In Bezug auf alle weiteren Punkte, so fährt Müller fort, werde schon seine Darstellung der lombardisch-deutschen Armen gezeigt haben, wie vollständig überall David mit dem Passauer Anonymus zusammenstimme, so vollständig, dass sich ihm manchmal die Frage aufgedrängt habe, ob nicht eine direkte Benutzung vorliege. Aber es ist ja bekannt, dass französische und italische Waldesier in den meisten Punkten, in welchen sie die römische Kirche bekämpften, übereinstimmten[1]), so darf uns also die vielfache Uebereinstimmung zwischen David und dem Passauer Anonymus nicht verwundern. Zudem habe ich auch selbst hervorgehoben, dass Angehörige der italischen Waldesier in dem von David beschriebenen Kreise vorkamen, wie hinwieder Anhänger der französischen Waldesier in Oesterreich: von solchen dem andern Kreise angehörigen Waldesiern finden sich Spuren sowohl bei David wie bei dem Passauer Anonymus; aber darum dürfen wir doch die Merkmale, welche bei den Waldesiern des David auf französischen Ursprung weisen, nicht unterschätzen. Namentlich ist wie der Name Pover de Leun, so die Ehelosigkeit der waldesischen Lehrer bei David von entscheidender Bedeutung und dann auch das, was über das Abendmahl gesagt ist. Da ist nach dem Passauer Anonymus unzweifelhaft, dass es bei den italisch-österreichischen Waldesiern die herrschende Lehre war, dass ein Priester in Todsünde nicht konsekrieren könne. Dagegen ist bei den Waldesiern Davids diese Lehre die der Minderheit: Hoc autem quidam dicunt tantum per bonos fieri. Auf eine weitere Spur für den französischen Ursprung der Waldesier Davids scheint mir der auffallende Unterschied in dem Passauer Anonymus und David bezüglich der Sakramentsgabe hinzuweisen. Die Waldesier des Passauer Anonymus haben die Lehre von der Brodverwandlung. Dagegen sagt David von seinen Waldesiern ohne Ausnahme: Corpus Christi et sanguinem non credunt vere esse, sed panem tantum benedictum, qui in figura quadam dicitur corpus Christi, sicut dicitur: Petra autem erat Christus, et simile. Das ist nun zwar so nicht richtig: wir wissen aus den übrigen Quellen mit Sicherheit, dass auch die französischen Waldesier die Lehre von der Brodverwandlung hatten; aber wenn ich recht vermute, so liegt auch hier eine Hinweisung auf französischen Ursprung verborgen. Wir haben jetzt aus der Practica inquisitionis des Bernhard Guidonis eine genauere Kenntnis von der alt-

---

1) Vgl. auch Müller selbst S. 105: die Grundzüge der lombardischen und deutschen Armen sind dieselben wie die der französischen.

waldesischen Abendmahlsfeier, welche dann auch von den Franzosen nach der Trennung von den Lombarden beibehalten wurde. Nach diesem Bericht feierten die Franzosen das Abendmahl nur am Gründonnerstag, segneten aber auch für Kranke und andere zu öfterem Gebrauch Brod und Wein. Dieses also gesegnete Brod und Wein war ihnen nicht der Leib Christi, sondern nur panis benedictus et vinum benedictum. Ich vermute nun, dass David diesen Brauch mit ihrer Abendmahlslehre verwechselt, was um so leichter geschehen konnte, als die französischen Waldesier das eigentliche Abendmahl bei den Priestern der römische Kirche zu nehmen pflegten. Dann aber hätten wir auch hier einen Hinweis auf den französischen Ursprung der Waldesier des David.

Auch ist beachtenswert, dass Martène den Traktat Davids aus einer Handschrift mit Zusätzen eines französischen Abschreibers bringt, wie die französische Sprache am Schlusse beweist. Die Schrift Davids wurde also für die Inquisition gegen französische Waldesier für brauchbar gehalten. Das dürfte wohl auch darauf hinweisen, dass die Waldesier Davids den französischen Waldesiern angehört haben.

Ich gebe zu, dass die Unterschiede zwischen französischen und italischen Waldesiern sich in Deutschland in manchen Punkten nach und nach ausgeglichen haben mögen, aber darum bleibt doch bestehen, dass die Schrift Davids auf ein Missionsgebiet hinweist, das von den Franzosen gewonnen worden war.

4. Der Bericht vom Jahre 1391.

Friess hat im 11. Jahrgang der österreichischen Vierteljahrsschrift für kath. Theologie diesen Bericht aus zwei Handschriften in der Stiftsbibliothek zu Seitenstetten in Niederösterreich (N. 188 und 252) herausgegeben. Der Bericht beginnt: A. D. 1391 (Cod. 188 hat 1392) die quarta mensis Septembris infrascripti reperti sunt rectores pro tunc sectae Waldensium haereticorum. Nun werden 11 Namen mit Angabe ihrer Heimat genannt. Darunter fallen 1 auf Polen, 2 auf Sachsen, 2 auf Ungarn, 1 auf Oesterreich, 3 auf Baiern, 1 auf Schwaben, 1 auf die Schweiz. Bei jedem ist der Stand angegeben. Sie gehören dem Bauern- und Handwerkerstande an. Einer war früher schon in Regensburg gefangen genommen worden, hatte sich dort durch einen Eid loszumachen gewusst, wurde aber jetzt überführt. Nun fährt der Bericht fort: Praedicti nominantur inter eos apostoli, magistri et fratres. Dann ist von dem Leben ihrer magistri die Rede, von ihrem Fasten, Beten, ihrer Kleidung, auch wie sie immer zu zweien, ein älterer und ein jüngerer, reisen etc. Dem folgt eine eingehende Beschreibung ihrer Ordination und einiges über die Probejahre der Ordinierten. Der zu Ordinierende gelobt castitatem tenendam usque ad mortem, und quod amplius nolit vivere de laboribus manuum suarum sed vivere de eleemosyna usque ad mortem. Die Magister pflegen jährlich die Rollen zu tauschen cum convicariis suis, ne agnoscantur. Auch bleiben sie nie in ihrem magisterium an einem und demselben Ort. Dann folgen die Artikel, quibus fidei catholicae contrariantur [1]). Sie stimmen mit denen bei Petrus dem Cölestiner von 1398 so ziemlich zusammen. Beim Abendmahl heisst es: Item quidam eorum consueverunt se ipsos communicare ad pascha illo modo: aliquis eorum sumit panem azymum ponens eum super parvum asserem (franz. assiette?), vinum et aquam ad unum cochlear et benedicit istam simul et communicat se et alios, quo facto tam asserem quam cochlear in ignem projiciunt comburendo. Plurimi tamen magistrorum suorum abhorrent hoc, non habentes multam fidem in hujusmodi communionem, propterea vadunt ad communicandum in ecclesiam, quando est populi major pressura, ne notentur. Multi etiam ex ipsis quandoque manent sine communione ad 4 et 5 annos, abscondentes se in villis vel civitatibus tempore paschali, ne a christianis agnoscantur.

Was hier über die Abendmahlsfeier zur Paschazeit, über die Ordination, über das Gelübde der Keuschheit (= Ehelosigkeit) und die Enthaltung von Handarbeit von den zu Ordinierenden gesagt ist, weist auf die französischen Waldesier.

Nun aber kommen von den im Eingange genannten Lehrern drei: Nikolaus von Polen, Konrad von Sachsen, Konrad von Schwäbisch-Gemünd auch als Reiseprediger in der Mark und in Pommern vor und werden in den Akten der Inquisition, welche in den Jahren 1393 und 1394 in den genannten Ländern stattfand, genannt (s. Wattenbach S. 41). Da ich die Mitteilung des Flacius (639) für zuverlässig halte, welcher in eben diesen

---

1) Sie finden sich abgedruckt von Gretser Max. Bibl. XXV, f. 307: Index errorum etc.

Akten, die aus seinem Besitz in die Bibliothek zu Wolfenbüttel gekommen, aber nun unvollständig sind, gefunden hat, dass die Lehrer der dortigen Waldesier von Zeit zu Zeit aus Böhmen zu kommen pflegten (subinde doctores suos ex Bohemia ad se ventitare solere), die böhmischen Waldesier aber zumeist wie die österreichischen der italischen Genossenschaft angehörten, so entsteht die Frage: haben die italisch-deutschen Waldesier ihre Grundsätze hinsichtlich der Lebensweise ihrer Lehrer und hinsichtlich der Abendmahlsfeier mit denen der französischen Waldesier vertauscht? In Bezug auf die Abendmahlsfeier scheint das nicht. Nach dem Berichte von 1391 will die Mehrzahl von einer derartigen Feier nichts wissen, wenn auch schwerlich aus dem Grunde, den der Inquisitor dort andeutet.

Wie lässt es sich nun aber erklären, dass Reiseprediger, die dem Missionsgebiete der italischen Genossenschaft angehörten, wie die drei genannten, hier mit solchen genannt werden, denen der Bericht Aussagen entnimmt, die nur auf französische Waldesier passen? Betrachten wir den Eingang des Berichtes von 1391 näher: vielleicht führt er uns auf eine neue Spur hinsichtlich der Geschichte der deutschen Waldesier. An einem Tage, am 4. September des J. 1391 infrascripti reperti sunt rectores pro tunc sectae Waldensium haereticorum. An einem Tage 11 rectores! jedenfalls eine wichtige Beute, weshalb auch der Tag verzeichnet wird. Sie waren also wohl an einem Orte beisammen, hielten einen Konvent, bei dem man sie überraschte. Die Heimatorte derselben von Ungarn und Polen bis nach Bern in der Schweiz, von Sachsen bis nach Würtemberg und Baiern schliessen so ziemlich das ganze deutschwaldesische Gebiet ein.

Ich finde in einer Handschrift der Staatsbibliothek zu München[1]), welche aus dem Anfange des 15. Jahrhunderts stammt, dass um diese Zeit die Waldesier sich in drei Genossenschaften teilten. In der Streitschrift eines Römischen gegen sie heisst es nämlich, die Waldesier seien

---

1) Clm. 22368, 15 sc., f. 1—189 ist 1409 geschrieben, die Schrift gegen die Waldesier scheint mir von derselben Hand. f. 241: imo ipsi Waldenses constituunt monstrum in natura, qui dicunt se facere verum corpus et tamen habent tria capita: aliqui enim (Text: tamen) suorum haeresiarcharum dicuntur romani (französische W.), alii pedemontani (italische), alii vero alemannici, neque aliquis ab altero jurisdictionem sive auctoritatem suscipit neque alterius se subditum confitetur.

dreifach geteilt in ihren Irrtümern, also könnten sie nicht die wahre Kirche sein. Sie stellten ein Ungeheuer dar, indem sie sagten, sie bildeten den wahren Leib (die wahre Kirche), und doch hätten sie drei Köpfe; denn die einen ihrer Häresiarchen hiessen romanische, die anderen piemontesische, die anderen deutsche, und keiner erkenne die Jurisdiktion oder das Ansehen des andern über sich an und erachte sich dem andern für untergeben.

Ich wage auf Grund dieser Stellen einstweilen, bis weitere Quellen volle Gewissheit geben, folgende Kombination: Neben den Waldesiern der französischen und italischen Genossenschaft hat sich im Verlauf des 14. Jahrhunderts eine dritte Genossenschaft, die deutsche, organisiert[1]). Zu ihr hielten sich die deutschen Waldesier beiderlei Herkunft. Die alten Richtungen dauerten fort, aber sie galten nicht mehr als Hemmnis für eine Verfassungsgemeinschaft. Die Waldesierkirche Deutschlands stellte eine Art von unierter Kirche dar mit verschiedenen Lehrtropen. Im östlichen Deutschland blieb die Richtung der italischen Waldesier die vorwiegende. Bei einem ihrer jährlichen Konvente, so scheint es nach dem Berichte von 1391, sind sie überrascht worden. Die Bezeichnung rectores pro tunc im Eingang des Berichtes scheint auf einen periodischen Wechsel im Amte der Oberleitung hinzuweisen.

Was uns von Quellenschriften über die Waldesier des östlichen und nördlichen Deutschlands im 14. Jahrhundert sonst noch vorliegt, bietet zu besonderen Bemerkungen wenig Anlass. Wertvoll ist, was Müller über Bruchstücke eines Briefwechsels zwischen lombardischen und deutschen Waldesiern vom J. 1368 mitteilt. Die Arbeiten Pilichdorfs, welche Gretser im XXV. Bande der Max. Bibliotheca V. P. veröffentlicht hat, ein Traktat und das Fragment eines solchen, ruhen auf Ergebnissen der Inquisition, welche in den Jahren 1391—1398 der Cölestiner Petrus vorgenommen hat, wie man aus einer Vergleichung des Traktates Pilichdorfs mit dem Bericht von 1391 und dem Verzeichnis der waldesischen

---

[1] Hängt diese Ausbildung eines besonderen deutschen Verbandes vielleicht mit dem „Abfall einiger Brüder" im J. 1368 zusammen, über den einige in St. Florian erhaltene Bruchstücke eines Briefwechsels Kunde geben, auf welche Müller (a. a. O. S. 109 etc.) aufmerksam gemacht hat?

Lehren, wie es der Inquisitor selbst nachher (1398) veröffentlichte, ersehen kann. Ueber den Irrtum hinsichtlich der Zeit des Pilichdorfischen Traktats, zu welchem Gretser späteren Schriftstellern, wie z. B. Hahn und Gieseler Anlass gegeben, ist das Nötige in meinen Beiträgen und oben bereits bemerkt. Eine andere mit der Inquisition des Cölestiners Petrus zusammenhängende Schrift eines nicht genannten Verfassers Refutatio errorum etc., gleichfalls von Gretser herausgegeben, findet sich in dem obengenannten Bande der Max. Bibl. p. 302 ff. Der in diesem Bande p. 307 folgende Index errorum bildet einen Bestandteil des Berichtes von 1391 bei Friess. Von sehr grossem Werte für die Geschichte der Ausbreitung der Waldesier im nördlichen Deutschland und für die religiösen und sittlichen Zustände unter den waldesischen Credentes sind die oben erwähnten einst im Besitze des Flacius befindlichen Prozessakten, welche von der durch den Cölestiner Petrus in den Jahren 1393 und 1394 in der Mark und Pommern vorgenommenen Inquisition und von einer späteren im J. 1458 gehaltenen noch vorhanden sind, und über welche W. Wattenbach in den Sitzungsberichten und den Abhandlungen der Berliner Akademie in ebenso lichtvoller wie erschöpfender Weise im vorigen Jahre berichtet hat. Namentlich werden die Akten des J. 1458 der Untersuchung, welche sich diese Abhandlung zur Hauptaufgabe gestellt hat, dienen können.

III. Quellen über die Lehren der Taboriten in deren ersten Zeiten.

Wenn wir die Lehre der Taboriten mit jener der böhmischen Waldesier vor Hus vergleichen wollen, so werden wir nur die Anfangszeiten der Taboriten zur Vergleichung beizuziehen haben. Denn unsere Hauptfrage ist, ob der Anfang der Taboriten mit den Waldesiern zusammenhängt, ob letztere auf die Entstehung der Taboritenpartei einen wesentlichen Einfluss geübt haben. Welche Wandlungen die taboritischen Lehren durch spätere Einflüsse erfahren haben, liegt ausser den Grenzen unserer Aufgabe.

Es ist richtig, dass sehr verschiedenartige Elemente in der Opposition gegen die gemässigten Husiten, deren Führer die Prager Magister waren, anfänglich zusammentrafen; aber diejenigen Elemente, welche in den späteren Taboritenbekenntnissen einen Ausdruck für ihre Lehre fanden, werden uns doch auch schon in den frühesten Dokumenten deutlich bezeichnet. Das älteste dieser Dokumente ist ein Brief des Prager Magisters Christann von Prachatic [1]) an den Pfarrer von Pilsen Wenzel Koranda, einen der Führer der nachmaligen Taboriten. Der Brief führt uns in die Geschichte des Anfangs dieser Partei. Er ist vom J. 1416. Es heisst da: Nachdem es dem schnöden Teufel nicht gelungen ist, durch Bann, Interdikt und Verketzerung von aussen her die Einheit der Husiten zu zerreissen, hat er Unkraut unter den Woizen gesät und etliche zum Widerspruch gegen die Lehrmeinungen und Schriften der Prager Magister aufgereizt, und davon sind einige mit mehr Eifer als Verstand, unter Hintansetzung der wiederholten brüderlichen Ermahnungen der Magister ihrem eigenen Kopfe und jenen ungelehrten Leuten beiderlei Geschlechts gefolgt, welche unter dem Schein der Frömmigkeit die Herzen vieler Unschuldigen verwunden und den Rat geben, das Fegfeuer, die Fürbitte für die Verstorbenen, die Anrufung der Heiligen zu verwerfen, ihre Reliquien zu entweihen, ihre Bilder zu verbrennen, sich an keine kirchliche Ceremonien und Gebräuche mehr zu kehren, weil es menschliche Erfindungen seien, sondern sich in allen Stücken den Gebräuchen der ursprünglichen Kirche gemäss zu halten.

Dass Wenzel Koranda selbst dieser Richtung huldigte, ja ein Hauptvertreter derselben war, geht aus dem Verlaufe des Briefes hervor. Von ihm sage man allgemein, er habe durch seine Predigt die Beseitigung der Heiligenbilder aus den Kirchen veranlasst, die Kommunion unter beiderlei Gestalt selbst kleinen Kindern gereicht, und alle kirchlichen Gebräuche, auch solche, welche nicht gegen die hl. Schrift sind, für unstatthaft erklärt.

Ein zweites Dokument für die Anfänge der taboritischen Lehre haben wir in dem Berichte eines Ungenannten über die Vorgänge auf der Burg Kozí und in der Stadt Austie (dem nachmaligen Tabor) aus dem gleichen Jahre 1416 [2]). Der Bericht ergänzt den vorigen Brief

---

1) Palacky, Documenta Mag. Joannis Hus vitam etc. et controversias de religione in Bohemia annis 1403—1418 motas illustrantia etc. S. 633.
2) Docum. p. 636.

insoferne, als er zeigt, wie man den Rat sich an keine kirchlichen Ceremonien und Gebräuche als an menschliche Erfindungen mehr zu kehren, sondern sich in allen Stücken den Gebräuchen der ursprünglichen Kirche anzuschliessen, zur Ausführung brachte. Man verwarf alle Weihungen, von welchen man die göttlichen Segnungen abhängig gemacht hatte, wie die Weihe von Priestern, von Kirchen u. s. w. Laien predigten, hörten Beichte u. s. w. Was hier angeführt wird, kehrt auch in den späteren Taboritenbekenntnissen wieder.

Ein drittes Dokument vom 25. Jan. 1417[1]), in welchem die husitischen Magister der Prager Universität die Neuerungen beklagen, welche einige in verschiedenen Gemeinden eingeführt haben, stimmt im wesentlichen mit dem zusammen, was in den beiden ersten Dokumenten angeführt worden ist. Dieses Schreiben erhält eine ins einzelne gehende Ausführung in den 23 Artikeln[2]), welche die Prager Magister und die es mit ihnen haltenden Prager Priester um den 28. Sept. 1418 veröffentlichten, und in welchen die Gegensätze besprochen sind, welche die bisherige Einheit der Husiten aufgehoben hatten. Es sind „bestimmte Punkte", über welche man uneinig geworden war und schon länger stritt. Die von den Magistern bekämpften Lehren sind nicht etwa die Lehren verschiedener Oppositionsparteien, die einander widersprechen, sondern stehen untereinander im Zusammenhang und lassen sich auf ein und dasselbe reformatorische Prinzip zurückführen. Wir dürfen ohne Bedenken annehmen, dass wir hier eine ziemlich vollkommene Zusammenstellung der Lehren einer und derselben Reformpartei vor uns haben, welche zu den Prager Magistern in einen Gegensatz getreten ist, wie denn auch das die Auffasung dessen ist, der diese Sätze abgeschrieben hat; denn in der Wiener Handschrift, die sie uns überliefert, stehen sie mit der Aufschrift: Articuli XXIII a magistris cleroque Pragensi contra pullulantia Taboritarum sectae dogmata publicati. Als König Wenzel im J. 1419 den Husitismus einzuschränken versuchte, und in verschiedenen Orten die vertriebenen römischen Kleriker wieder einziehen und den Gottesdienst nach römischer Weise hielten, nahm die Aufregung der Husiten zu. Die aus Austie verdrängten husitischen Geistlichen, deren

---

1) Doc. p. 664.
2) Doc. p. 677.

Neuerungen in dem Berichte jenes Ungenannten angeführt werden,
setzten sich auf einem Hügel an der Lužnic unweit von Austie fest
und fanden dort grossen Zulauf von seiten des Landvolks. Jener Hügel
hiess bald der Berg Tabor[1]). Dort fand am 22. Juli desselben Jahres
1419 eine von über 40000 Personen besuchte Versammlung statt, die
von religiöser Begeisterung und sittlichem Ernste beherrscht ganz nach
den Grundsätzen jener von den Prager Magistern bekämpften Opposition
Gottesdienste hielt. Solche Versammlungen fanden auch in der Folgezeit
in regelmässigen Zwischenräumen und auch an anderen Orten statt. Aus
dieser Zeit stammen die in der Chronik des Taboriten-Bischofs Nikolaus
von Pelhřimow mitgeteilten 5 Artikel und 4 Artikel[2]), in welchen die
Häupter der entschiedenen Reformation einen Teil ihrer Forderungen
vor die Oeffentlichkeit brachten. Grosse Ausschreitungen erfolgten, als
man versuchte, die Erregung durch Verbote und Einschränkungen zu
bekämpfen. Als der Krieg ausbrach, finden wir den Gegensatz innerhalb
der husitischen Partei, die nun den grösseren Teil des böhmischen Volkes
befasste, in der gleichen Schroffheit fortdauern, hier die gemässigte Richtung,
geleitet durch die Prager Magister, welche bis auf wenige Punkte
an der kirchlichen Tradition festhalten wollte, dort die nun von jenen
Versammlungen am Berge Tabor genannte radikale Reformpartei der
Taboriten, die nur durch den schroffsten Gegensatz zu der bisherigen
Kirche dem Gesetze Gottes genug zu thun glaubte und die Prager oder
gemässigten Kalixtiner der versteckten Buhlerei mit der Weltkirche beschuldigte.
Da unter diesen Gegensätzen die gemeinsame Sache leiden
musste, so wurde verschiedene Male versucht, eine Verständigung herbeizuführen.
Bei diesen Verhandlungen formulierten die beiden Parteien
ihre Forderungen und Lehren, und die auf diese Weise auf uns gekommenen
Sätze der Taboritenpartei sind weitere Quellen, deren Lehre,
wie sie anfänglich war, kennen zu lernen. Es gehören hieher aus dem
Jahre 1420 die in der Chronik des Laurentius von Brezowa enthaltenen
12 Forderungen[3]), welche die Taboriten an die Prager stellten, die
indes mehr die kirchliche Zucht als die Lehre betreffen, sodann die von

---

1) S. darüber Palacky, Geschichte von Böhmen. III, 1, 416 ff.
2) ed. Höfler, Fontes rer. Austr. Script. VI, 478 u. 480.
3) ed. Höfler, Fontes, Ser. II, 385 sq.

ihnen unter dem Volke verbreiteten 14 Artikel, welche die wesentlichen Sätze ihrer Lehre enthalten¹). Dem J. 1420 gehören ferner auch noch 72 Artikel an, in welche die Prager Gegner die ihnen anstössigen Lehren der Taboriten zusammenfassten, als gegen Schluss des Jahres eine Versammlung der Wortführer beider Parteien den vergeblichen Versuch machte, die Einigung herbeizuführen. Die Führer der Taboriten verneinten nicht, dass die erwähnten Sätze ihre Lehre entbielten, nur behaupteten sie, dass ihnen eine gehässige Einkleidung gegeben, oder auch, dass ihnen Giftiges beigemischt sei. Bei Prochazka, der die Sätze aus einer Handschrift der Prager Un.-Bibliothek XVI, A, 16 zum Abdruck brachte²), sind es 76 Sätze, in der Chronik des Březowa nur 72; sechs Sätze, die Prochazka hat, fehlen hier, dafür hat er zwei, welche Prochazka nicht hat. Von den sechs bei Březowa fehlenden gehören drei, die bei Prochazka an der Spitze stehen, der taboritischen Lehre nicht an, stehen vielmehr mit den übrigen im Widerspruch. Der erste leugnet die Dreieinigkeit, der zweite die Gottheit Christi, der dritte die Gegenwart jeder Heilsgabe bei dem Sakramente. Wir wissen, dass um diese Zeit in die husitische Bewegung fremde Elemente sich einmischten, welche unter dem aufgeregten aber urteilslosen Volke gleichfalls ihre Anhänger fanden. So namentlich Lehren der Sekte des freien Geistes. Es ist begreiflich, wie die gemässigten Husiten in ihrer Erbitterung über den radikalen Reformationseifer der Taboriten ihnen auch solche Lehren zurechnen konnten, welche keinesfalls aus dem Geiste der taboritischen Bewegung selbst hervorgegangen waren. Die Reihenfolge der Sätze ist bei Prochazka eine andere als bei Březowa. Die letztere scheint mir die ursprünglichere zu sein. Auch spricht für dieselbe, dass hier die zwei ersten Sätze des Prochazka fehlen, nach welchen die Taboriten die Gottheit Christi und die Dreieinigkeit geleugnet haben sollen. In beiden Verzeichnissen kommt eine grössere Reihe von Sätzen vor, welche zeigen, dass um die Zeit des Jahres 1420 chiliastische Schwärmerei die Taboritenpartei beherrschte. Die Aufregung, der Krieg hatte ihr Eingang und Herrschaft verschafft. Aber wie wir die Veranlassung, die Zeit, die Urheber dieser Schwärmerei mit ziemlicher Sicherheit angeben können, so können wir auch ihr all-

---
1) l. c. 391 sq.
2) Miscellaneen der böhm. und mähr. Litteratur I, 280 ff.

mähliches Verschwinden wahrnehmen[1]), und es ist daher dieselbe für die Vergleichung der Taboritenlehre mit der waldesischen von untergeordneter Bedeutung. Denn chiliastische Schwärmerei ist eine Erscheinung, die bei allen religiösen Bewegungen tieferer Art vorkommen kann und häufig in den Bedrängnissen, in welchen eine religiöse Richtung sich befindet, ihre Erklärung findet.

Die meisten Differenzen, welche die Taboriten von den Prager Magistern trennten, knüpften sich an die Abendmahlsfrage, welche besonders seit dem J. 1420 in den Vordergrund trat und den Hauptgegenstand des Streites in einer Reihe von Verhandlungen bildete, die in den zwanziger Jahren zwischen beiden Parteien stattfanden.

Wir besitzen aus dieser Zeit teils Auszüge aus verlorenen Schriften der Taboriten, die uns ihre Gegner aufbewahrt haben[2]), teils sind uns solche Taboritenschriften selbst noch erhalten, wie die aus Anlass von Zusammenkünften von Vertretern beider Parteien zu Prag 1421, zu Konopischt 1423 und wieder zu Prag 1424 entstandenen Schutz- und Trutzschriften[3]). Wenn nun auch die Abendmahlslehre den Hauptinhalt der erwähnten Schriftstücke seit 1421 ausmacht, so ist doch eine Anzahl anderer Lehrfragen zugleich mit berührt und beantwortet. Sämtliche angeführte Quellen genügen, uns eine ausreichende Kenntnis von den die Taboritenpartei in ihren Anfängen bewegenden Grundsätzen zu geben. Wir werden indes immer auch noch die grosse taboritische Hauptschrift, welche eine Frucht der in den folgenden Jahren fortgesetzten Befehdung beider Parteien ist, die Apologie der Taboriten vom J. 1431[4]) zu Rate ziehen. Denn da in dieser Zeit die Taboritenlehre einen gewissen Abschluss erlangt hatte, so haben wir in der Summe der hier aufgenommenen Lehren und Anschauungen zugleich ein Kriterium, um beurteilen

---

1) Wie von dieser Richtung die Taboriten sich allmählich wieder frei machten, dafür ist zu vergleichen die Chronik des Nikolaus l. c. 482 ff.
2) Aus der Schrift des Nikolaus von Pelhřimow an Peter Chelčický bei Höfler, Fontes VI. 622—23. Aus einer Schrift des Joh. v. Saaz, ebendas. 624—27. Aus einer Schrift des Martinek, ebendas. 628 ff. Aus zwei anderen Schriften des Nik. v. Pelhřimow bei Goll, Quellen und Untersuchungen II, S. 61 u. 62.
3) Fontes etc. VI, 488—501. 546—574. 576—589. 689—693.
4) Fontes VI. S. 596—700. Schon vorher gedruckt in Lydius Waldensia Bd. 1. Der Text ist bei Lydius in einigen Stellen besser als in der Ausgabe Höflers in den Fontes.

zu können, welche unter den seit 1416 von der radikalen Partei aufgestellten Sätzen als eigentlich taboritische angesehen werden dürfen im Unterschiede von solchen, welche in der aufgeregten Zeit der Parteibildung als ihr fremdartige Elemente eine Zeit lang mit unterliefen.

IV. Die Lehre der Waldesier und die Lehre der Taboriten.

Wenn wir nun darangehen, die Lehre der italienischen Waldesier, welche Oesterreich, Böhmen und das nördliche Deutschland zu ihrem Missionsgebiete gemacht hatten, und die Lehre der Taboriten miteinander zu vergleichen, so werden wir hiebei besonders in den ersten Abschnitten zugleich die Gesichtspunkte prüfen müssen, von denen aus in jüngster Zeit Karl Müller das gesamte Wesen der Waldesier beurteilt[1]). Müller ist der Meinung, man habe die Bedeutung der Waldesier für eine Reformation der Kirche sehr stark überschätzt. „Dass bei ihnen einzelne Stücke des katholischen Systems abgeschnitten erscheinen und ältere Schichten des religiösen und sakramentalen Lebens der Kirche konserviert sind, will doch im Grund wenig sagen gegenüber der Thatsache, dass hier einfach ein Teil der Funktionen der römischen Hierarchie auf die apostolisch lebenden Männer übertragen, jene Funktionen selbst aber irgendwie kaum anders gefasst werden. Weder in der Bestimmung des sittlichen Lebensideals noch in der Auffassung des religiösen Heils noch in der Betrachtung der kirchlichen Heilsmittel ist etwas geändert. Der Mechanismus ihres Vaterunserbetens ist um kein Haar geringer als derjenige der kirchlichen Kreise. Auch was wir von ihrer Verehrung und Benützung der hl. Schrift erfahren, macht im Grunde denselben Eindruck einer mechanischen Einprägung."

Wenn ich diese allgemeine Charakteristik der Waldesier überdenke, kann ich mich nur verwundern, dass in derselben der wesentlichste Grundsatz der Waldesier, der schon in ihrer Anfangsgeschichte hervortritt und sehr bald mit bewusster Klarheit als beherrschendes Princip ausgesprochen und durch alle folgende Zeiten festgehalten wird, der Grundsatz, dass die heilige Schrift die einzige Richtschnur für Glauben

---

1) A. a. O. 132 u. 133.

und Leben der Kirche sei, gar nicht erwähnt wird, und dass in den Schlussworten, wo der hl. Schrift gedacht ist, nichts weiter gesagt wird, als dass das, was wir von ihrer Verehrung und Benützung der hl. Schrift erfahren, im Grunde den Eindruck einer mechanischen Einprägung mache.

Auch in der Darstellung der Anschauungen eines jeden der beiden waldesischen Kreise tritt dieser Punkt bei Müller entweder gar nicht hervor, wie bei den französischen Waldesiern, oder er wird bei den lombardischen Armen so erwähnt, dass die prinzipielle Bedeutung und Tragweite gar nicht ins Licht gestellt erscheint. Er hebt da zunächst ihre viel schroffere Stellung zur römischen Kirche hervor und wie sich dieselbe auf das ganze hierarchische und kultische System erstreckt habe, und indem er als ihr Ideal im Gegensatz zu dem hierarchischen System eine durch keine kirchliche Gliederung eingezwängte Christenheit und deren geistliche Bedienung durch die Wanderprediger bezeichnet, sagt er in Form einer Folgerung: „So fallen denn für sie die Dekretalen der Päpste etc. etc., überhaupt alle kirchlichen Sitten und Satzungen, die nicht in der Lehre Christi und der Apostel, also im neuen Testament nachzuweisen sind, dahin", womit das richtige Verhältnis wie auf den Kopf gestellt ist, indem die Schrift hier nur wie ein Mittel hingestellt wird, das sie benützt hätten, um ihr Ideal zu verwirklichen; während doch umgekehrt der Gehorsam gegen die hl. Schrift es war, der sie zur Verwerfung der Hierarchie und zur Aufstellung eines anderen Kirchenideals geführt hat, das aber nicht das von Müller gemeinte war.

1. Schrift und Tradition bei den Waldesiern.

Petrus Waldes, wie nach ihm Franz von Assisi, haben ein Leben apostolischer Armut im Sinne, als sie sich entschliessen der Welt zu entsagen. Aber während die Regel des Franziskus den Ordensbrüdern vorschreibt, nirgends zu predigen, wo ein Bischof es ihnen verbietet, hat Waldez dem Erzbischof von Lyon gegenüber, der ihm und seinen Genossen das Predigen verbietet, die Antwort: Man muss Gott mehr gehorchen, denn den Menschen; Gott aber hat den Aposteln geboten: Prediget das Evangelium aller Kreatur. Hier liegen zwei entgegengesetzte Prinzipien vor. Auf jener Seite: die kirchliche Autorität regelt

Glauben und Leben der Christen; auf dieser: die Schrift thut es. Mag die ursprüngliche Absicht des Waldez die gleiche gewesen sein wie bei Franziskus, die Umstände führten ihn und seine Anhänger zu dem klar ausgesprochenen Grundsatz: das Schriftwort steht höher als die kirchliche Autorität. Und dass dieser Grundsatz seit dem Laterankonzil von 1179 festgehalten und ihm gemäss eine Reihe römischer Lehren und Bräuche beseitigt wurde, das gibt der waldesischen Gemeinschaft eine hohe reformatorische Bedeutung, mag dieselbe auch in verschiedenen Punkten noch manches von der römischen Kirche bei sich belassen haben, was sie bei weiterer Erkenntnis der Schrift verworfen haben würde. Dass aber den Waldesiern die Schrift die allein maassgebende Autorität und Regel gewesen sei, wenn auch die Franzosen der in die zweite Linie gestellten Tradition mehr Beachtung zuwenden als die Lombarden, davon liegt eine Fülle von Zeugnissen schon von den frühesten Zeiten an vor. So stellt schon Alanus[1]) als ihren ersten Grundsatz voran: Neminem debere obedire alicui homini sed soli Deo, und er bemerkt, dass sie sich dafür auf Act. 4 (v. 19) und 5 (v. 29) berufen hätten. Das älteste Dokument aus dem lombardischen Kreise, das über den Konvent von Bergamo (1218) an die deutschen Brüder berichtet, ist nicht nur ein Zeugnis, das in seiner ganzen Fassung den Satz Müllers „auch was wir von ihrer Verehrung und Benützung der hl. Schrift erfahren, macht im Grunde denselben Eindruck einer mechanischen Einprägung" schlagend widerlegt, denn es bekundet ein von der Schrift völlig getragenes und beherrschtes Denken und Leben; sondern es zeigt auch in einzelnen klaren Aussprüchen, dass ihnen die ausschliessliche Autorität der Schrift oberster Grundsatz ist. Schon die Einleitung, in welcher sie mit den Worten Pauli (Phil. 1, 3—13) aussprechen, in welchem Sinne sie stets der Brüder in Deutschland gedenken, nämlich mit Dank über ihre Gemeinschaft am Evangelium, mit Zuversicht, dass das in ihnen angefangene Werk vollendet werde, mit dem Bewusstsein, dass sie dazu durch die Liebe verpflichtet seien, mit dem Gebete, dass sie reich werden möchten in allerlei Erkenntnis, um zu prüfen, was das Beste sei, um lauter und unanstössig am Tage Christi erfunden zu werden, schon diese Einleitung,

---

1) Bei Migne, Patrol. Cursus Tom. 210: De fide catholica contra haereticos Libri IV. Lib. II, c. 2. p. 380.

welche für den Zweck des Briefes nicht glücklicher gewählt sein könnte, gibt Kunde von einem ganz durch die Schrift beherrschten Denken. Der Verlauf des Sendschreibens lässt sodann die Schriftautorität als höchsten Grundsatz waldesischer Anschauung mit aller nur möglichen Bestimmtheit hervortreten. Dass Gott das Gebet des unwürdigen Priesters bei der Konsekration annehme, darüber sind sie anderer Meinung als die Franzosen, quia a veritatis tramite deviat. Denn also spricht die Wahrheit etc. etc., und nun folgen über 40 Schriftstellen, welche die Meinung der Lombarden begründen sollen, und aus denen offenbar werden soll, quid sentiri quoad sacramentum oportet. Und als incredulitas wird es bezeichnet, dass einige der Franzosen sich auf die Autorität von Kirchenlehrern bezogen, wiewohl die Lombarden auf diese Berufung eingehen, um zu zeigen, dass auch diese nicht für die Meinung der Franzosen sprechen. Wie hätten die Lombarden die Streitfrage in solcher Weise erörtern können, wenn sie nicht auch bei den Franzosen die gleiche Anschauung von der Bedeutung der Schrift vorausgesetzt hätten? Wiederholt wird als ein von beiden Parteien anerkannter Grundsatz angeführt, dass die betreffende Frage zu bestimmen sei secundum Deum et ejus legem (nr. 10. 13). Und mit aller Bestimmtheit wird die Schrift als ausschliessliches Prinzip für Lehre und Leben der „Kirche" hingestellt, wenn die Lombarden an die Franzosen die Frage richten de aliqua consuetudine vel credulitate vestra, quam non possetis aperte per scripturam probare divinam, Christi ecclesiam habuisse et habere debere, utrum velitis et in eodem permanere et ad idem nos pervenire cogere an non? Und wenn dann die Franzosen antworten: Nos dicimus quod in illo non sumus nec illos volumus cogere, und wenn dann hinwieder die Lombarden ihre zweifellose Ueberzeugung aussprechen, dass der Friede und die Eintracht zwischen beiden Kreisen sofort da sein werde, wenn man es mit dieser Antwort ernst meine. Und eben so klar wird die alleinige Autorität der Schrift als oberster Grundsatz ausgesprochen, wenn die Lombarden gegen den Schluss hin sagen (nr. 25): Contra veritatem scripturarum jam propalatam credere non possumus, nec etiam, licet Valdesiani in hoc nos vellent cogere, volumus confiteri.

Zu alledem bilden nun auch die letzten Sätze des Sendschreibens den entsprechenden Schluss, wenn da in Bezug auf die vorgelegten Lehrdifferenzen die deutschen Brüder gebeten werden, dass Jesus in ihnen und ihren Zuhörern möglichst zunehme an Alter, Gnade und Weisheit, indem sie der folgenden Sprüche eingedenk seien: „Dein Wort ist meines Fusses Leuchte und ein Licht auf meinem Wege", und „Das Gebot des Herrn ist lauter und erleuchtet die Augen", und des Wortes: „Wer an mich glaubt, von des Leibe werden Ströme lebendigen Wassers fliessen."

Gewiss, die reformatorische Bedeutung der Waldesier kann man nur verkennen, wenn man den hier so klar ausgesprochenen Grundsatz der Waldesier von der Schrift als der einzigen Norm und Quelle für Glauben und Leben der Kirche völlig ausser Acht lässt, und von ihrer Verehrung und Benützung der heiligen Schrift nichts anderes zu sagen weiss, als „sie mache im Grunde den Eindruck einer mechanischen Einprägung."

Aber auch die katholischen Quellen des 13. Jahrhunderts lassen keinen Zweifel über die ausschliessliche Autorität der Schrift als des höchsten normierenden Prinzips bei den Waldesiern. So sagt Moneta bei seiner Beantwortung der Frage, ob die Kirche neue Konstitutionen machen könne, die Waldesier leugneten dies und suchten den Beweis hiefür sowohl aus dem alten wie dem neuen Testamente zu erbringen. Die von Moneta bekämpften waldesischen Schriftbeweise enthalten alle den Grundsatz von der Schrift als höchster und einziger Norm. Es sind unter andern die Stellen Deut. 4, 2: Ihr sollt zu dem Worte, das ich zu euch rede, nichts dazu thun und nichts davon hinwegnehmen. Matth. 15. 9: Vergebens dienen sie mir mit solchen Geboten, die nichts denn Menschengebote sind. Gal. 1, 9: Wenn euch jemand Evangelium predigte anders als ihr empfangen habt, der sei verflucht. Auch fragten die Waldesier, ob die Lehre Christi zur Seligkeit genüge oder nicht? In welcher Frage, so bemerkt Moneta, eine Verwerfung der kirchlichen Institutionen und folglich der Kirche selbst liege. Wir sehen, Moneta verkennt die Tragweite des waldesischen Prinzips nicht, wenn er auch, was er meint, ungenau ausdrückt.

Ich füge dem Gesagten nur noch aus den deutschen Quellen des 13. Jahrhunderts die Zeugnisse des Passauer Anonymus und aus denen des 14. Jahrhunderts die der Inquisition von 1391 und 1398 an. Sie halten, sagt der Passauer Anonymus, alles für eine Fabel, was nicht durch den Text der Bibel bewiesen wird. — Die Dekretalen und die Auslegungen der Heiligen verwerfen sie und halten sich allein an den Text der hl. Schrift[1]). In gleicher Weise sagt der Inquisitor von 1391, nachdem er bemerkt hat, dass die Waldesier die Aussprüche der hl. Lehrer verwerfen: Sic totum novum testamentum ad literas observant, und der Inquisitor Petrus hebt im Anschluss an die Worte des Berichts von 1391 hervor, dass sie von allen Heiligen verächtlich sprächen, welche nicht in der Bibel empfohlen seien, und wiederholt, dass ihnen die Aussprüche der Kirchenväter nichts gelten[2]).

Nachdem wir so zur Genüge haben erkennen können, wie die Waldesier das Schriftprinzip als höchstes und ausschliessliches für Lehre und Leben der Kirche aufgestellt haben, bemerken wir noch folgendes im einzelnen. Die französischen Waldesier nahmen der Tradition der Kirche gegenüber nicht dieselbe schroffe Stellung ein wie die lombardischen. Wir haben gesehen, wie unter Missbilligung der Lombarden sich einige von den Franzosen auf die Kirchenväter beriefen; wir wissen, dass die Franzosen die Spendung der Sakramente durch römische Priester sich gefallen liessen, da sie die Wirksamkeit der Sakramente nicht auf die Würdigkeit des Spenders, sondern auf die Kraft des Wortes zurückführten. Bei den Franzosen dürfen wir daher das Verhältnis von Schrift und Tradition dahin formulieren, dass sie bereit waren, die Tradition

---

1) Catal. test. ver. ed. 1666, p. 645: ... Quicquid praedicatur, quod per textum Bibliae non probatur, pro fabulis habent. — Decretales — — et expositiones sanctorum respuunt, et tantum inhaerent textui sacrarum literarum.

2) Man kann bei diesen Sätzen erkennen, dass der Bericht von 1391 (bei Fries 1. c. 261) dem von 1398 zur Grundlage gedient hat, und dabei zugleich ersehen, wie leicht es oft die Inquisitoren bei der Darstellung der verfolgten Lehren nahmen. 1891: Item dicta sanctorum doctorum nihil curant, nisi quae (Text: quam) pro secta confortanda retinent, cf. Bericht 1398 in meinen Beiträgen etc. 249 nr. 70: Item damnant et respuunt omnia verba et dicta sanctorum doctorum Augustini, Jeronimi, Gregorii et Ambrosii et omnium aliorum, illis solis exceptis, quae aliqualiter sonant ad confortationem suae sectae. Und 1891: Item de martyribus et confessoribus et heremitis et sanctis Nicolao, Martino, Jeronymo, Ambrosio, Katharina, Margaretha et omnibus aliis sanctis quidquid praedicatur nihil credunt, sed dicunt, quod forte in inferno sint sepulti. cf. 1398 nr. 92: Item omnes animas sanctorum scilicet S. Laurentii, Nicolai, Martini, Jeronymi, Ambrosii, Augustini, — — Katharinae, Margarethae (Cod. lat. Mon. 14959) — et breviter omnium sanctorum, martyrum, confessorum, virginum, qui non sunt in biblia commendati, omnes tales credunt esse damnatos in inferno.

gelten zu lassen, wo sie nur nicht der Schrift widersprach, während die Lombarden mit der Tradition vollständig brachen, wo sie nicht in unmittelbarer Weise aus der Schrift zu begründen war. Aber dass die Schrift auch den Franzosen höchstes normierendes Prinzip war, steht nach den obigen Mitteilungen fest.

Ich habe bis jetzt kein Zeugnis gefunden, aus welchem hervorginge, dass bei den Waldesiern die Frage, inwiefern die Uebersetzung des Hieronymus bindende Kraft habe, erörtert worden wäre, aber ich möchte vermuten, dass die Verwerfung der Autorität der Kirchenlehrer, unter welchen Hieronymus in den deutschen Berichten von 1391 und 1398 ausdrücklich genannt wird, auch auf die Anschauung der Lombarden über die Vulgata einigen Einfluss gehabt habe. Ob und wie weit es der Fall gewesen, wird sich vielleicht bestimmter sagen lassen, wenn die gegenwärtig viel erörterte Frage über die Bibelübersetzungen der Waldesier zu sicheren Ergebnissen geführt haben wird. Aber das ist gewiss, dass die Waldesier, und wohl nicht bloss die lombardischen, dem lateinischen Schrifttexte nicht jene magische Kraft zuschrieben, wie es in der römischen Kirche der Fall war; denn der Passauer Anonymus sagt von ihnen, sie lehrten, dass die hl. Schrift dieselbe Wirkung in der Landessprache habe, wie in der lateinischen, weshalb sie auch die Sakramente in der Landessprache konsekrierten und darreichten[1]). Auch hier zeigt sich, wie unrichtig Müller urteilt, wenn er in Bezug auf die priesterlichen Funktionen von den Waldesiern sagt, dass sie jene Funktionen kaum irgendwie anders gefasst hätten als die römische Hierarchie. Auch in der Betrachtung der kirchlichen Heilsmittel sei nichts von ihnen geändert. Denn es ist doch eine wesentlich andere Betrachtung des göttlichen Wortes, wenn ich dasselbe für kräftig erachte durch seinen Inhalt, als wenn ich seine Kraft als eine magische, an die kirchliche Sprache oder Form gebundene ansehe.

Die sogenannten apokryphischen Bücher scheinen die lombardischen Waldesier nicht für kanonisch gehalten zu haben, wenn man aus einer Bemerkung des Moneta, welcher einmal von den Lombarden im Unterschied von den Franzosen sagt, dass sie das 2. Buch der Makkabäer

---

[1]) Flacius 645: Quod sacra scriptura eundem effectum habeat in vulgari, quem habet in latino, unde conficiunt in vulgari et dant sacramenta.

nicht annehmen, diesen Schluss ziehen will. Einigermassen unterstützt wird eine solche Vermutung durch die Schriftbeweisführung im Sendschreiben der Lombarden (nr. 20), in welcher die grosse Anzahl alttestamentlicher Citate mit einer Stelle aus Maleachi abschliesst und keine Stelle aus den Apokryphen sich findet.

2. Schrift und Tradition bei den Taboriten.

Die gleiche Auffassung der Schrift als höchsten autoritativen Prinzips für die Kirche, wie bei den Waldesiern, finden wir auch bei den Taboriten, wobei diese der Tradition gegenüber dieselbe schroff abweisende Stellung einnehmen wie die Lombarden. Unter den 14 Sätzen vom J. 1420 steht als der erste, dass von den Gläubigen nur das zu halten sei, was direkt und ausdrücklich in der hl. Schrift gelehrt werde. Alle Traditionen der Kirche, welche dieser Bedingung ermangelten, galten ihnen als Menschensatzung, als Satzungen des Antichrist, die abgeschafft und vernichtet werden müssten[1]). Sie stehen mit dieser Auffassung im schroffen Gegensatze zu den Prager Magistern und ihrer Partei, welche nachher die der Kalixtiner oder Utraquisten genannt wurde, und wurden von Anfang an deshalb von jenen bekämpft. Denn die Prager erachteten die Tradition für verbindlich, soferne sie nur nicht der Schrift widerspreche[2]). Bei ihnen macht sich mehr eine den französischen Waldesiern sich annähernde Auffassung hinsichtlich der Tradition geltend. Ein ähnlicher Unterschied in der Auffassung des Verhältnisses von Schrift und Tradition zeigt sich später in der reformierten und lutherischen Kirche, nur dass letztere nicht so weit ging, die der Schrift nicht widersprechenden Traditionen als verbindlich anzusehen.

---

1) l. c. nr. 1: Quod nulla scripta aut dicta quorumcunque doctorum a fidelibus sunt tenenda aut catholice credenda, nisi quae in canone bibliae explicite contineantur. nr. 3: Nulla decreta sanctorum patrum aut seniorum instituta, nullus aliquis ritus aut traditio humanitus inventa sunt tenenda, sed omnia talia sunt abolenda et destruenda velut antichristi traditiones, cum Christus et ejus apostoli ea fieri nullibi in novo testamento expresserunt.

2) 23 Art. nr. 2: Nemo audeat dicere, quod solum ea sunt credenda pro fide aut aliter tenenda, quae sunt expressa in sacra scriptura et explicite posita, ita quod nihil velit tenere, nisi quod expresse exprimit vel explicita ponit. nr. 14: Constitutionibus ecclesiae et praeceptis rationabilibus, manductivis ad legem Christi et legem Dei nullatenus impugnantibus nec moras pios impedientibus est ex testimonio sacrae scripturae obediendum.

Dass die Lombarden die apokryphischen Schriften verwarfen, glaubten wir vermuten zu dürfen, da wenigstens sicher bezeugt ist, dass sie eine dieser Schriften nicht als kanonisch anerkannten. Bei den Taboriten dagegen ist es unzweifelhaft, dass sie die apokryphischen Schriften nicht für kanonisch erachteten[1]). Ebenso haben die Taboriten der Vulgata keine unbedingte Autorität zugemessen, sondern die Möglichkeit von Fehlern in derselben behauptet. Nicht weil die Uebersetzung von Hieronymus herrühre, sondern weil sie mit dem Sinne der hl. Schriftsteller übereinstimme, sei sie Gegenstand des Glaubens[2]).

Bei solcher Auffassung haben denn auch die Taboriten der Konsekration in der lateinischen Sprache keinen Wert beigelegt und in der Landessprache konsekriert[3]).

So ergibt sich aus der Vergleichung der Taboritenlehre mit der waldesischen volle Uebereinstimmung mit jener der Lombarden in der Auffassung der Schrift als ausschliesslicher Quelle und Richtschnur für Glauben und Leben der Kirche, die gleiche Stellung zur Tradition, die gleiche Unterscheidung zwischen dem Schriftwort und der lateinischen Form desselben, und ebenso dürfen wir Uebereinstimmung in der Ansicht über die kirchliche Uebersetzung und in der Unterscheidung zwischen kanonischen und apokryphischen Büchern vermuten.

3. Kirche und Gemeinde, Brüder und Gläubige bei den Waldesiern.

Dass die lombardischen Armen die römische Kirche vollständig verwarfen, ihr den Charakter einer christlichen Kirche absprachen, ist nicht

---

1) Prot. v. Conopiscs, Font. VI, 577 sq.: Ad quarum suppositionum primam sacerdotes Thaboriensen sic responderont, quod scripturam, quae biblia Christianorum communiter unitata continet, summa veneratione amplectimur, ponendo distinctionem de libris canonicis et apocryphis.

2) ib.: Gegenüber einer Aeusserung der Prager „non diffidentes in translatione sancti Hieronymi": circa hoc advertimus Nicolaum de Lyra dicentem, quod Hieron. dictiones aequivocas in Hebraeo in alio sensu transtulit, et ipsummet Hieronymum in prologo galeato dicentem: Quamquam mihi omnino conscius non sum, mutasse me quidpiam de hebraica veritate, certe si incredulus es, lege graecos codices et latinos et confer cum meis opusculis. Nihilominus tamen acceptamus sine dolo translationem beati H. cum aliis fidelibus, non quia H. transtulit, sed quia Spiritus sanctus per os auctoris canonici ita dixit, cum non concedenda sunt verba scripturae propter impositionem humanam, sed quia prima veritas ita dicit.

3) Břežowa l. c. 398: Alta autem voce et vulgari verba consecrationis dicebant etc.

in Frage. Die römische Kirche gilt ihnen als die Gemeinde der Uebelthäter, als das Thier, als die Hure der Apokalypse [1]). Dagegen meint Müller, die französischen Waldesier hätten die römische Kirche als einen Teil der allgemeinen Kirche angesehen, sie hätten dafür gehalten, „dass die römische Kirche zwar nicht die Kirche Christi ist, wohl aber innerhalb derselben steht und eben darin den Rechtstitel für ihre Sakramentsverwaltung hat" (S. 42 f.). Zur Bekräftigung hiefür beruft sich Müller z. B. darauf, dass Rainer [2]) die Lombarden sagen lasse: die römische Kirche sei die ecclesia malignantium et bestia et meretrix, dagegen die Franzosen: ecclesia Romana non est ecclesia Jesu Christi.

Aber das Gegentheil von dem, was Müller meint, liegt in den Worten der Franzosen nach Rainer, da diese Worte, wie jedermann sieht, keine teilweise, sondern eine völlige Verneinung sind. Sie besagen nicht die römische Kirche ist zwar nicht die Kirche Christi, wohl aber ein Teil derselben, sondern sie ist weder die ganze Kirche Christi, noch ein Teil derselben. Es ist nicht nötig, uns dabei weiter aufzuhalten.

Auch nach Moneta sprachen die französischen Waldesier der römischen Kirche den Charakter der christlichen Kirche ab (f. 407): Licet congregationem Romanorum eam (sc. sanctam ecclesiam catholicam) esse non credant. Aber es fehlt auch nicht an positiven Zeugnissen, wofür die Franzosen die römische Kirche eigentlich hielten. In der Practica inquisitionis (Lib. V, II, 4) sagt Bernhard Guidonis, der Inquisitor in Südfrankreich: die Waldesier hätten die römische Kirche „das Haus der Lüge" genannt. Bernhard hat diese Notiz nicht aus einer fremden Quelle, wie so manches andere, sondern wie ein Vergleich mit einer Urteilsformel (lib. III, 34) zeigt, aus seinen Inquisitionsakten. Das Muster für jene Urteilsformel aber haben wir bei Limborch [3]): Es sind zwei rückfällige französische Waldesier, welche hier unter dem Vorsitz des Bernhard Guidonis, des Inquisitors von Toulouse, verurteilt werden. beide aus der Diöcese von Besançon. Da wird nun von den Waldesiern, zu deren Lehre sich die Verurteilten bekennen, gesagt: Ipsamque Romanam ecclesiam domum esse mendacii mordaciter mentiuntur.

---

1) So nach übereinstimmendem Zeugnis der Quellen von Rainer an.
2) Bei Martène u. Durand, Thesaurus nov. Anecdotorum Tom. V, 1759 ff. 8. das. 1775.
3) Liber sententiarum inquisitionis Tholosanae ab a. 1307—1323. Beiband zu Limborchs Hist. inquisitionis. Amstel. 1692. 8. das. 264.

Die Kehrseite von diesem Verwerfungsurteil über die römische Kirche ist bei beiden waldesischen Sektenkreisen natürlich der Glaube, dass die eigene Sekte die wahre Kirche sei. Moneta sucht beiden waldesischen Kreisen zu beweisen, dass sie nicht die Kirche Jesu Christi seien, woraus hervorgeht, dass diese ihre Sekte dafür hielten. Quod ipsi sint ecclesia Jesu Christi behaupten die österreichischen Waldesier nach dem Passauer Anonymus (Flac. 643). Dass die Zugehörigkeit zu der Sekte die Möglichkeit biete, selig zu werden, verstand sich ihnen von selbst. Item credidit, quod Valdenses haberent bonam fidem et bonam sectam, in qua ipsi et alii qui tenerent eam, possent salvari, ist eine stehende Formel in den Inquisitionsakten von Toulouse (367. 368. 370. 374. 375 etc.). Die Meinung der Waldesier ist, dass es der von ihrer Sekte bekannte Glaube, die gläubige Annahme und die Treue in diesem Glauben sei, welche selig machen. Hugueta von Vienne (Limb. 291) glaubt pro defensione dictorum errorum, si moreretur, animam suam salvari. Dass man nur in ihrer Sekte selig werden könne, scheinen auch die lombardischen Waldesier nicht behauptet zu haben. In dem Satze des Passauer Anonymus Quod doctrinam evangelicam paene nullus servet in ecclesia praeter eos (643) lässt das paene die Möglichkeit zu, dass man auch ausserhalb der Sekte noch die Lehre Christi bewahren könne. Und so wird denn wohl auch der Satz bei dem Inquisitor Petrus (nr. 90): Omnes catholicos solis parvulis exceptis credunt esse damnandos wohl nicht den Glauben aller Waldesier ausdrücken, wie wir denn Ausnahmen auch in den Akten bei Wattenbach finden. Die Annahme jener Möglichkeit braucht darum noch kein Widerspruch zu sein mit ihrem Satze, dass die römische Kirche die ecclesia malignantium und nicht die Kirche Christi sei. Sie war ihnen die falsche Kirche in ihrem Haupte und in ihren Vertretern, sowie in den meisten ihrer Anhänger. Sich selbst sahen sie für die „Erwählten" [1], für die, welche Gott kennet, „die Kunden",

---

[1] Pilichdorf l. c. 281: Sed nimis es praesumtuosus (der Waldesier ist angeredet), si te electum cum tuis credentibus reputas. Und: Non ergo vos estis illi pauci, quos dominus electos nominat, quia nihil satis estis ad illam ruinam magnam restaurandam, quam angeli apostatici fecerunt. Nach der verbreiteten Ansicht, dass die in Christus erwählten Menschen die durch den Fall der Engel entstandene Lücke in der Zahl der seligen Geister ausfüllen bestimmt seien.

und im Gegensatz dazu die Anhänger der römischen Kirche für die „Welt" und die „Fremden" an¹).

Aus dieser Auffassung der römischen Kirche als einer falschen und abgefallenen rechtfertigten beide Kreise der Waldesier den Austritt aus derselben. In dem Abschnitt (L. V, I, § 4), in welchem sich Moneta hauptsächlich gegen die lombardischen Waldesier wendet, um ihnen zu beweisen, dass „sie die Kirche Gottes nicht seien", sagt dieser Schriftsteller: Sie wollten aus Apok. 18, 4: „Gehet aus von ihr, mein Volk" beweisen, dass die Kirche Gottes, die sie zu sein behaupten, von der römischen Kirche, die sie als die Kirche der Uebelthäter bezeichneten, ausziehen werde. Und auch den französischen Waldesiern gegenüber (§ 5) beruft er sich auf Micha 7, 1 ff., um zu beweisen, dass man auch bei dem höchsten Verfall der Kirche diese nicht verlassen dürfe, um eine „neue Kirche und ein neues Priestertum" herzustellen²). Denn wenn es dem Waldez erlaubt war, die römische Kirche zu verlassen, um die Kirche wiederherzustellen, die nach seiner falschen Meinung in Sylvester zerstört worden sei, warum könnte dann nicht in einer andern Provinz wieder ein anderer eine neue Kirche gründen und so fort?

Wer gehörte zur Sekte der Waldesier?

Gehörten dazu nur die Reiseprediger, wie Müller behauptet, oder auch die, welche als die Gläubigen, die Credentes, in den Quellen bezeichnet werden? Müller sagt: Alle ausserdeutschen Quellen bis zur Mitte des 14. Jahrhunderts und teilweise noch länger verständen unter Waldesiern nicht etwaige Gemeinden oder deren Mitglieder, sondern die apostolischen Reiseprediger, die sogenannten „perfecti". Dagegen beginne in Deutschland schon während der 2. Hälfte des 13. Jahrhunderts ein anderer Sprachgebrauch sich zu entwickeln. Müller geht nun die einzelnen Quellen in Kürze durch von dem Edikt des Königs Alfons an bis zu Bernhard Guidonis d. i. bis zu den Akten der von diesem geleiteten

---

1) Petrus inquisitor: nr. 91: Vocant catholicos mundum, die werlt, alienos i. e. die fremden. Item vocant se, sectarios eorum vel complices: notos i. e. die chunden. cf. Pilichdorf l. c.

2) l. c. 407: nec alii de illo populo exire praesumpserunt, ut novam ecclesiam novamque sacerdotium invenirent. 408: Si licitum fuit Valdesio exire de romana ecclesia, ut restitueret ecclesiam secundum suam falsam opinionem in Sylvestro destructam, quare non etc.

Toulouser Inquisition und bis zu seiner Practica inquisitionis, welchen beiden Quellen er den grössten Wert beilegt, und schliesst seine Prüfung mit den Worten: „So ist es denn klar, dass nach dem einstimmigen Zeugnis dieser Quellen die Sekte, die Bruderschaft der Waldenser ebenso durch die Reiseprediger konstituiert wird, wie die Kirche der Katharer durch ihre perfecti, und dass die credentes nicht zur secta, fraternitas, societas gehören" (S. 12 ff.). Diese ihre Freunde blieben vielmehr „Glieder der Kirche und nahmen nur dasjenige an oder auf sich, was die Genossen des Waldes ihnen boten oder auferlegten" (S. 11).

Ich bemerke zunächst, dass die Nebeneinanderstellung der waldesischen perfecti und derer der Katharer nicht passt, da bei den Katharern nicht alle perfecti auch ordinati waren, wie dies bei den Waldesiern der Fall war[1]). Doch sehen wir davon ab. Da ist es nun schon nach dem, was oben von dem Urteile der Waldesier beider Kreise über die römische Kirche gesagt worden ist, völlig unwahrscheinlich, dass die einfachen Gläubigen derselben sich noch als Mitglieder dieser Kirche betrachtet haben, oder dass die Reiseprediger, wenn sie ihre Gemeinschaft für die wahre Kirche hielten, in der man selig werden könne, ihre Credentes nicht als Mitglieder hätten in dieselbe aufnehmen sollen. Müller hat sich von dem einen Umstand, dass die Inquisitoren, wenn sie die Waldesier zeichnen, in der Regel nur Dinge sagen, welche von den Reisepredigern gelten, gefangen nehmen lassen und darüber vielen andern Aufschluss gebenden Stellen keine Beachtung weiter geschenkt, während diese ihn doch hätten überführen können, dass er mit seiner Annahme auf einen für seine ganze Arbeit verhängnisvollen Irrweg geraten sei. Aber auch abgesehen von jenen Stellen, auf die wir gleich kommen werden, konnte ihn eine Reihe historischer Analogien darauf aufmerksam machen, dass von dem Satze: In den ältesten ausserdeutschen Quellen sind unter den Waldesiern immer nur die Reiseprediger gemeint, zu dem anderen: also gehörten die Credentes nicht zur Sekte, kein logischer Schluss sei. Denn sicher folgert niemand, der die Ausdrucksweise im Evangelium Johannis kennt, z. B. aus Joh. 9, 22: „Solches sagten seine Eltern, denn

---

1) Vgl. Pract. inquis. 137 sq. über die Waldesier: Nec ante receptionem dicti ordinis (diaconatus) aliquis est perfectus in eorum statu, sed alii, qui non sunt ordinati, vocantur credentes et amici eorum.

sie fürchteten sich vor den Juden," dass der geheilte Blinde und seine Eltern keine Juden gewesen seien, oder aus Sätzen, wie: „Die Reformierten spenden das Abendmahl nicht an einem Altare, sondern an einem Tische," dass nur die das Sakrament Spendenden zur reformierten Kirche gehören oder: „die Methodisten predigen jetzt in diesen und jenen deutschen Städten," dass nur die methodistischen Reiseprediger die Gemeinschaft der Methodisten ausmachen. Die Reiseprediger der Waldesier waren eben die Vertreter der Sekte, die Träger der Lehre, sie brachten dieselbe in die Gebiete der römischen Kirche, deshalb sind sie vor allen anderen den Inquisitoren die Waldesier; aber darum betrachteten gleichwohl die Häreseologen und Inquisitoren, wie die Waldesier selbst, die Credentes als zur secta gehörig.

In jenem Abschnitt, in welchem Moneta beweisen will, dass die Waldesier nicht die Kirche Gottes seien (402 ff.), ist der erste Beweis daher genommen, dass die Kirche des neuen Testaments grösser sein müsse als die des alten: „Euere Kirche, o Waldesier, ist nicht grösser als die Kirche des alten Testaments." Es ist offenbar, dass Moneta die Kirche der Waldesier der des alten Testaments in Bezug auf die Menge nur gleichstellen konnte, wenn er darunter die Credentes mitbefasste. Er stellt ferner als Kennzeichen der wahren Kirche hin, dass in sie die Fülle der Heiden eingehen werde (Röm. 11, 25). Das sei, sagt er, wohl in der römischen Kirche erfüllt, aber nicht in der der Waldesier. Wenn er nun den Waldesier sich auf die Zukunft berufen lässt, in welcher die Fülle der Heiden in die Kirche der Waldesier eingehen werde, so setzt auch dies voraus, dass nach der Anschauung der Waldesier die Kirche Gottes nicht bloss in den Reisepredigern bestehe.

In den Inquisitionsakten von Toulouse wird die Zugehörigkeit zur Sekte unter anderem mit dem Ausdrucke sectam tenere et servare bezeichnet. So heisst es von dem als haereticus de secta Valdensium verurteilten Reiseprediger Johannes Brayssan (Limb. 207): Tu dictam sectam haereticam a multis retro annis tenere et servare coepisti. Der gleiche Ausdruck wird auch von den Credentes gebraucht. Von solchen, welche einfache Credentes der Sekte waren, verspricht eine mit Namen Hugueta dem Majoralis Johannes: quod volebat esse de fide et secta sua et eidem obedire (290), das heisst also doch wohl, sie wolle zur Sekte gehören. Sie will mit ihrem Manne nec ab ea secta recedere nec eam abjurare, und das Urteil erklärt sie für haereticos impoenitentes et obstinatos de secta et haeresi Valdensium. Hier wie bei vielen anderen Credentes (vgl. 222. 233. 235. 236. 237. 238. 354. 356.) ist es eine stehende Formel in den Urteilen: dass sie geglaubt hätten, die Waldesier d. h. die Reiseprediger esse bonos homines et habere bonam fidem et bonam sectam, in qua ipsi et alii, qui tenerent eam, possent salvari, oder in qua homo posset salvari; sie ziehen sich die Verurteilung zu, weil sie von der secta nicht wollen zurücktreten, sed potius perseverent in ea (264), weil sie nicht wollen reverti ad ecclesiasticam unitatem (291). Alle diese Ausdrücke sagen entweder geradezu, dass die Credentes innerhalb der Sekte stehen, wenn sie z. B. als solche sich bezeichnen. qui credunt in ea salvari, oder wenn sie verurteilt werden, quia perseverant in ea, oder sie setzen es voraus, wie wenn es von den hartnäckigen Credentes heisst, sie wollten nicht zur Einheit mit der römischen Kirche zurückkehren.

Dieselbe Auffassung begegnet uns natürlich in der Practica inquisitionis wieder, da sie von demselben Bernhard Guidonis zusammengestellt ist, welcher an der Spitze der Inquisition von Toulouse stand. Ich füge daher aus derselben nur noch einige andere Ausdrucksweisen hinzu, welche auf derselben Voraussetzung beruhen, dass die Credentes Mitglieder der Sekte seien. So wenn es da von einem der Credentes heisst: se dudum confessum fuisse peccata sua quibusdam Valdensibus dictae sectae professoribus (134), oder wenn die Credentes sagen: esse crimen inexpiabile et peccatum in Spiritum sanctum, prodere aliquem de secta sua perfectum (246). Denn wenn die Sekte ihre professores hat, so kann sie nicht aus diesen d. i. den Reisepredigern allein bestehen, und wenn einer der Credentes aliquem perfectum de secta sua verraten kann, so ist ja damit gleichfalls gesagt, dass es ausser den perfecti noch andere Mitglieder der Sekte gibt und dass er selbst eines dieser Mitglieder ist.

Wenn darum Müller sagt, in Deutschland beginne während der zweiten Hälfte des 13. Jahrhunderts ein anderer Sprachgebrauch sich zu entwickeln, indem hier der Name Waldesier auch im weiteren Sinne gebraucht werde und von ihnen Dinge ausgesagt würden, die offenbar nicht allein von den perfecti gelten (s. 13 ff.), so wissen wir nun, dass das unrichtig ist. Denn wie sollte das von ihm angeführte Beispiel aus dem Passauer Anonymus: Perfecti enim inter eos ein anderer Sprachgebrauch sein, wenn wir denselben doch auch in den Akten von Toulouse (Lib. sent. 253. 264) und in der Practica inquisitionis finden? Denn ebenso wie der Ausdruck perfecti inter eos setzt das in jenen ausserdeutschen Quellen gebrauchte quidam Valdensis perfectus oder qui fuit perfectus Valdensis die Teilung der Sekte in perfecti und imperfecti oder credentes voraus. Und wenn Müller als auf ein zweites Beispiel auf den Gebrauch des Wortes Sekte oder Waldesier in den von Wattenbach herausgegebenen pommerischen und brandenburgischen Prozessakten verweist, so ist er auch hiermit, wie leicht zu sehen ist, im Irrtum. In diesen Akten erklären nämlich die Credentes, dass sie so und so lange in der Sekte seien, dass sie in der Sekte geboren seien, dass ihre Sekte den wahren Glauben habe, da schwören reuige Credentes die Sekte ab, kehren ad unitatem Romanae ecclesiae zurück; aber für das alles fanden wir den gleichen Sprachgebrauch auch in den Akten von Toulouse. Und ebenso zeigten wir, dass Moneta unter der Kirche der Waldesier die Credentes mit begreife.

Hätte in Deutschland ein anderer Sprachgebrauch sich entwickelt, so könnte das ja, wie Müller selbst erkennt,[1]) nicht geschehen sein, ohne dass auch in den Anschauungen der deutschen Waldesier wesentliche Aenderungen eingetreten wären; es müssten bei den deutschen Waldesiern seit der Mitte des 13. Jahrhunderts insbesondere die Anschauungen über den Zustand der römischen Kirche andere geworden sein als sie früher waren, wenn sie ihre Credentes erst jetzt nicht mehr als Glieder der römischen Kirche betrachtot hätten. Aber wir haben aus Moneta ersehen, wie gegensätzlich schon früher und zwar bei den nichtdeutschen Waldesiern sich das Verhältnis zur römischen Kirche gestaltet hatte, so dass schon damals die Ausscheidung aus dieser Kirche auch für die Credentes zur Pflicht, zur Gewissenssache werden musste. Von einer Aenderung in der Auffassung dieses Verhältnisses ist in der That nirgends etwas wahrzunehmen.

---

1) Müller a. a. O. S. 16 Anm. 2: „Ueber die weitere Entwickelung des Sprachgebrauchs, der ohne Zweifel eine Veränderung in der Sekte selbst wiederspiegelt, habe ich hier nicht zu reden."

Liegt der Sekte der Waldesier die Lehre vom allgemeinen Priestertum zu Grunde?

Ich habe dies im Einverständnis mit der gewöhnlichen Anschauung angenommen. Müller bestreitet es. „Die Sekte ist vielmehr gar nichts anderes als eine Hierarchie, welche auf den Gedanken des apostolischen Lebens und der Forderung einer besonderen ethischen Vollkommenheit gegründet, sich der römischen Hierarchie zur Seite stellt." „Von dem allgemeinen Priestertum ist so wenig die Rede, dass die Laien überhaupt gar nicht zur Sekte gehören, dass vielmehr erst die Weihe zu einem der drei hierarchischen Grade die Mitgliedschaft verleiht. Alles, was Preger für Rechte der Gemeinden hielt, stellt ausschliesslich Rechte dieser Hierarchie dar."[1]) In seinem Rückblick auf die waldesische Bewegung, deren Bedeutung für eine Reformation der Kirche nach seiner Meinung sehr stark überschätzt worden ist, beruft sich Müller auf die Thatsache, „dass hier einfach ein Teil der Funktionen der römischen Hierarchie auf die apostolisch lebenden Männer übertragen wird, jene Funktionen selbst aber kaum irgendwie anders gefasst werden."[2])

Indem ich jetzt an die Prüfung dieser Sätze gehe, bemerke ich, dass ich hiezu auch die deutschen Quellen verwenden werde, nicht etwa weil die ausserdeutschen Quellen nicht für sich schon vollkommen genügten, sondern einmal, weil für die Ausschliessung derselben nicht der geringste Grund mehr vorhanden ist, wie sich dies bereits gezeigt hat, und sodann, weil für die Vergleichung der Taboritenlehre mit der waldesischen, als den eigentlichen Zweck unserer Abhandlung, dies unbedingt notwendig ist.

Wir fragen zuerst: Ist bei den Waldesiern das Recht, priesterliche Funktionen auszuüben, oder das Recht des Priestertums oder der Hierarchie, auf den Gedanken des apostolischen Lebens und auf die Forderung einer besonderen ethischen Vollkommenheit gegründet, oder beruht dieses Recht bei ihnen darauf, dass einer überhaupt ein Christ ist, d. h. dass er getauft ist und in einer Heiligung lebt, wie sie von allen Christen gefordert wird? oder mit anderen Worten: Gründeten die Waldesier das Recht

---
1) a. a. O. S. 96.
2) S. 132.

und die Fähigkeit für priesterliche Handlungen auf die Besonderheit apostolischer Lebensweise oder auf das allgemeine Priestertum?

Dass die französischen Waldesier die apostolische Lebensweise nicht als die Grundlage für die priesterliche Thätigkeit angesehen haben können, ergibt sich schon aus der einfachen Thatsache, dass nach ihrer Lehre das Sakrament auch von einem schlechten Priester heilskräftig verwaltet werden konnte.[1]) Aber auch bei den lombardischen Waldesiern war dies nicht der Fall. In dem Sendschreiben bekämpfen die Lombarden die Lehre der Franzosen mit einer grossen Menge von Schriftstellen, aber es fehlt jede Beziehung auf die Notwendigkeit einer besonderen apostolischen Lebensweise; in allen Stellen wollen sie lediglich beweisen, dass Gott nur diejenigen Priester erhöre, welche in Gott, in Christus bleiben, ein in guten Werken sich bewährendes Leben führen, keine Gemeinschaft mit den Ungläubigen haben etc.

Wohl behaupteten die französischen Waldesier von ihren Reisepredigern, dass sie ein apostolisches Leben führten, und die Akten von Toulouse sagen von denselben (vgl. 264): se ipsos vitae et perfectioni apostolicae comparantes et meritis coaequantes in se ipsis inaniter gloriantur, jactantes se tenere et servare evangelicam et apostolicam paupertatem, aber nirgends wird in diesen Akten diese Form des Lebens als die Quelle angegeben, woraus ihr Priesterrecht fliesst. Wenn es heisst: sie hätten den Stand der römischen Prälaten verworfen, hätten diese als blinde Blindenleiter bezeichnet, die nicht an der Wahrheit des Evangeliums hielten und nicht in apostolischer Armut lebten (ib.), so ist auch hier nicht das Leben in apostolischer Armut als das anzusehen, was die priesterliche Handlung erst kräftig mache, denn das ist nach französischer Anschauung Gott allein und sein Wort; sondern das apostolische Leben ist ihnen nur eine aus der Heiligkeit des Amtes entspringende Verpflichtung. Darum wird überall, wo es sich um die Kraft der Amtshandlungen handelt, nicht die besondere Form des apostolischen Lebens, sondern das allen Christen zustehende gute und gerechte Leben genannt.

Auch nach Bernhard Guidonis gründen die Waldesier das Recht und die Kraft zu konsekrieren nicht auf ein nach apostolischer Weise ge-

---

1) Sendschreiben in m. Beitr. nr. 10 u. 20.

führtes, sondern einfach auf ein „rechtschaffenes" Leben. Dicunt, quod consecratio corporis ac sanguinis Christi potest fieri a quolibet justo, quamvis sit laicus, nec sit sacerdos aut presbyter ab episcopo catholico ordinatus, dum tamen sit de secta ipsorum, et hoc etiam credunt de mulieribus, dummodo sit de secta ipsorum, et ita dicunt, quod omnis sanctus sit sacerdos. Hier lag doch nahe genug für a quolibet justo ein a quolibet apostolicam paupertatem servante zu setzen, wenn nach ihrer Anschauung wirklich die apostolische Lebensweise die Stelle der Ordination durch den Bischof vertreten hätte. Wäre das der Fall gewesen, dann hätte ja auch schwerlich priesterliches Thun der Weiber damit begründet werden können, oder ein Satz wie der in den Inquisitionsakten von Toulouse (260 sq.): Quod solus Deus absolvit de peccatis, et ille, cui fit confessio peccatorum, solum dat consilium, quid debeat homo facere, et injungit poenitentiam, et hoc potest facere homo sapiens et discretus sive sit sacerdos sive non. Auch ist die stehende Formel in den Urteilen von Toulouse nicht etwa: der Schuldige habe geglaubt, die Waldesier, d. h. die waldesischen Reiseprediger seien apostolisch lebende Männer, sondern: Credidit Valdenses esse bonos homines et veraces et habere bonam fidem et bonam sectam et bonam doctrinam, in qua possent salvari ipsi et alii qui tenerent eam (vgl. 216. 222. und die übrigen oben angeführten Stellen).

Sehr wichtig für unsere Frage ist hier auch Moneta. Er sagt (403): Thomas, ein Doktor und Lehrer der lombardischen Armen, habe mit andern behauptet: Waldez habe seinen ordo, sein Priesteramt, von der Gesamtheit seiner Brüder gehabt (quod quidam dixerunt, quod Valdesius ordinem habuit ab universitate fratrum). Und Thomas habe dies also bewiesen: Ein jeder von jener Gemeinschaft konnte sein Recht, sich selbst zu regieren, auf Waldez übertragen, und so konnte jene ganze Gemeinschaft dem Waldez die Regierung aller übertragen und sie hat es gethan, und so erwählten sie ihn zum Priester und Vorgesetzten über alle. Moneta bestreitet die Richtigkeit dieses Schlusses. Er sagt, daraus dass ihm alle das Regiment übertragen konnten, folge noch nicht, dass ihm alle auch das Priestertum hätten übertragen können, da keiner von ihnen dieses besessen habe. Aber ob Thomas richtig oder unrichtig geschlossen hat, ist für uns hier gleichgiltig. Wir fragen nicht, was er bewiesen hat, sondern was er hat beweisen wollen, und das war, dass er als den Quell der priesterlichen Gewalt nicht den römischen Episkopat, sondern eine Laienkongregation ansah, und dass er hinwieder das primäre Recht für diese Gewalt in jedem einzelnen erblickte, denn nur das, dass er diese Gewalt für die andern in zugleich aufsichtlicher Weise führt, wird als eine Uebertragung bezeichnet. Worauf ruht aber das priesterliche Recht jedes einzelnen nach der Ansicht der Waldesier bei Moneta? in der apostolischen Lebensweise oder in dem allgemeinen Christenpriestertum? Nach der Auffassung Monetas sahen es die Waldesier in einem christlich rechtschaffenen Leben. Denn da, wo er die möglichen Antworten der Waldesier für ihr Priesterrecht zu widerlegen sucht, weist er die allenfallsige Behauptung: Waldez habe sein Priesteramt von Gott selbst, mit den Worten ab: eadem ratione quilibet alius bonam vitam simulans posset idem dicere (402). Wie nahe lag es doch hier, für bonam ein apostolicam zu setzen, wenn dieses von den Waldesiern betont worden wäre!

Auch die Zeugnisse des Passauer Anonymus, die auf die Aussagen der dem lombardischen Kreise angehörigen Waldesier sich gründen, wissen nichts von einem Rechte, das sich aus der apostolischen Lebensweise herleitet. Die Apostel gelten nur als Vorbild und Beispiel, wie die Priester leben sollen, und sie fordern daher von ihren Priestern im Unterschied von den Franzosen, dass sie mit den Händen arbeiten müssten wie die Apostel: Clerum damnant propter otium, dicentes eos debere manibus operari sicut Apostoli (Flac. 644), aber überall wird nur das „gut" sein, nirgends die Form des apostolischen Lebens als die Basis für priesterliches Thun gefordert: Quod bonus laicus habeat absolvendi potestatem; Quod confitendum sit potius bono laico quam malo sacerdoti (ib.); quod bonus laicus, etiam mulier, si scit verba, conficiat (ib.). Also das Christsein im Glauben und im Leben, das was den Christen zum Christen macht, das macht ihn auch zum Priester, d. h. das befähigt ihn dazu. Denn um die prinzipielle Fähigkeit handelt es sich ja hier, nicht um die wirkliche Ausübung des Rechtes. Die Ausübung hängt von der individuellen Begabung, von der ordnungsmässigen Bestellung zum Amte ab. Aber das allgemeine Priestertum tritt in seinen Beruf ein, wo das Amt fehlt, wie wir oben sahen: Quod confitendum sit potius bono laico quam malo sacerdoti. So gibt es denn kein Priestertum, das sich abgesondert von der Gemeinde dadurch fortpflanzt, dass einzelne eine besondere Form des Lebens annehmen, sondern alle wahren Christen sind zur Verwaltung der Heilsgüter als Christen fähig. Auch der Satz im Passauer Anonymus (Flac. 643): Quod nemo major sit altero in ecclesia gehört hierher. Er ruht, wie seine Begründung zeigt, Matth. 23, 8: Vos omnes fratres estis, auf der Anschauung vom allgemeinen Priestertum.

Das kirchliche Regiment bei den Waldesiern.

Für diese Frage ist die bei weitem wichtigste Quelle das Sendschreiben der Lombarden an die deutschen Waldesier. In diesem Sendschreiben heissen die französischen Waldesier socii Valdesii oder electi Valdesii socii, oder fratres ultramontani oder ultramontani schlechthin, und ihre Gemeinschaft societas Valdesiana, societas ultramontanorum oder congregatio ultramontanorum oder Valdesianorum; die lombardischen Waldesier aber nennen sich nicht nach Waldez, sie nennen sich pauperes spiritu, fratres italici, und sprechen von ihrer Gemeinschaft gleichfalls als von einer societas oder congregatio. Jede der beiden Societäten bildet eine Kommune d. i. eine geordnete Gemeinschaft für sich[1]), sendet als solche je sechs Vertreter nach Bergamo, und was diese auf dem Konvente beschliessen, bindet jede der beiden Kommunen (pro communi suae societatis consilio convenerunt cum totidem ex nostris fratribus (nr. 15. 7). Beide Kommunen sind in ihren Vertretern zu Bergamo in unum zusammengetreten; sie halten, wenn es nöthig ist, wieder einen solchen Konvent (quod commune nostrum et illorum, congregatum in unum etc.). Das, worüber man auf solchen Konventen übereingekommen ist, bedarf dann des opere confirmare, des ad effectum perducere (7). Ob eine Ehe rechtmässig geschieden werden könne, unterliegt nach der Aeusserung der Franzosen dem Urteil der Kommune (secundum quod communi videbitur nr. 12). In welcher Weise Diener (ministri) ordiniert werden sollen, hängt von der Kommune ab (secundum quod communi videbitur nr. 5). Ob ein ordinierter römischer Priester, gleichviel ob justus oder injustus, die Eucharistie verwalten

---

1) Vgl. nr. 4: quod commune nostrum et illorum, congregatum in unum, communiter eligat etc.

dürfe, hängt bei den Franzosen von der Bewilligung der congregatio baptizatorum ab. Er kann es donec congregatio baptizatorum sustinet eum in officio (nr. 22).

Wir sehen aus dieser Darlegung, dass die höchste kirchliche Instanz bei der Kommune einer jeden der beiden Societäten ruht. Nach Müller sind es auch hier nur die Reiseprediger, welche die Kommune ausmachen. Er geht von der, wie wir nun gesehen haben, irrigen Ansicht aus, dass die Sekte nur aus den Reisepredigern bestanden habe. Fragen wir zuerst, an wen sich die Lombarden mit ihrem Schreiben wenden, so sind es nicht die deutschen Reiseprediger allein, vor denen sie sich rechtfertigen. die sie zur Zustimmung veranlassen wollen, sondern das Schreiben wendet sich auch an die credentes. Die 12 fratres der lombardischen Societät, welche im Namen derselben das Sendschreiben erlassen, schreiben den fratribus ac sororibus, amicis et amicabas trans alpes pie degentibus. Ich hatte schon früher darauf aufmerksam gemacht, dass hier unter den amici die credentes gemeint seien. Selbst Müller, der „auch hier anfangs geglaubt hatte, widersprechen zu müssen", hat gefunden, dass die amici mit den credentes identisch seien, und mit diesen hinwieder die, welche am Schlusse des Briefes auditores genannt werden. Die Lombarden bitten nämlich zuletzt die Brüder in Deutschland, dass sie bezüglich der im Sendschreiben summarisch vorgelegten Streitfragen Sorge tragen möchten. dass „Jesus" in ihnen und ihren Zuhörern nach Möglichkeit „zunehme an Alter, Gnade und Weisheit" (Luc. 2). So scheint es ja nach diesem Eingang und Schluss, dass es den Lombarden auch um die Zustimmung der Credentes in Deutschland mit zu thun sei. Es ist selbstverständlich, dass die Reiseprediger oder Lehrer die thatsächliche Entscheidung haben; aber dass hier eine von der römischen verschiedene Auffassung des Verhältnisses von Amt und Gemeinde vorliege, dass die Gemeinde nicht bloss als das Objekt betrachtet werde, dem das von dem Lehrstand festgestellte oder geprüfte Dogma einfach zur Annahme überwiesen wird, sondern dass es auch auf ihre Zustimmung mit abgesehen sei, ist offenbar.

Entscheidend für die Auffassung im Sendschreiben ist die in der Kontroverse über das Abendmahl von den Franzosen gegebene und im Sendschreiben mitgeteilte Antwort: A sacerdote ab ecclesia Romana ordinato, donec congregatio baptizatorum sustinet eum in officio, sit justus vel injustus etc.

Wir sahen oben, dass die Entscheidung über die Dauer des priesterlichen Amtes, über die Ehescheidung der Kommune vorbehalten wird; hier wird die Entscheidung über die Frage, ob ein römischer Priester Waldesiern das Sakrament verwalten dürfe, der congregatio baptizatorum überlassen. Wer unbefangen diese Stelle liest, wird leicht in dem Ausdruck congregatio baptizatorum einen Wechselbegriff sehen für das oben angeführte congregatio Valdesianorum oder das societatis Valdesianae commune. Ist dies aber der Fall, dann ist Müllers Hypothese, dass die Sekte, die societas fratrum oder die Kommune derselben nur aus den Reisepredigern bestanden habe, auch dem Sendschreiben gegenüber unhaltbar. Unsere Stelle tritt Müller zweimal in den Weg. Zuerst da, wo er fragt, wer zur societas gehört habe (S. 28)? Hier beruft er sich gegen meine Auslegung auf die Quellen, welche aus den Heimatländern der Sekte stammen, und nach welchen nur die Reiseprediger die Sekte gebildet haben sollen — eine Ansicht, die sich uns als irrtümlich herausgestellt hat; sodann auf die Schwierigkeiten, ja die Unmöglichkeit, die es, wenn man unter der Sekte auch die Credentes mitverstehe, gehabt haben würde, zu einer gemeinsamen Versammlung zusammenzukommen, und zuletzt auch darauf, dass nirgends eine Spur von Abgeordneten der Credentes sich finde. Allein diese Berufungen würden ja wertlos, sie würden zeigen, dass Müller die Quellen falsch aufgefasst hätte, wenn sich ergäbe, dass die congregatio baptizatorum unzweifelhaft identisch mit der Kommune wäre. Er durfte also hier nicht die Stelle einfach um dieser und jener Umstände willen auf die Seite schieben, sondern musste sich alsbald mit ihrem Inhalte beschäftigen. Ist es nicht verkehrt, eine Stelle, welche möglicherweise den Ausgangspunkt unsicher macht, abzuweisen, diesen ohne sie festzustellen, und dann später erst, bei der Streitfrage über das Abendmahl (S. 42) sagen: „Diese Congregatio baptizatorum hat Preger als die Gesamtheit der waldesischen Gläubigen gefasst. Allein, diese kommen ja, wie sich nun ergeben hat, nirgends als Subjekte von Rechten in Betracht." Denn wie kann man von einem Ergebnis sprechen, wenn man gerade eine der wichtigsten Stellen für die in Rede stehende Frage ihrem Inhalte nach unerörtert gelassen hat? Doch lassen wir den Wert dieser Methode wissenschaftlicher Erörterung auf sich beruhen, halten wir uns an die Erklärung, die er uns an diesem späteren Orte gibt: „Congregatio baptizatorum", so beginnt er, „ist nun eine bekannte Umschreibung des Begriffs der Kirche überhaupt", ein Satz, womit wir uns einverstanden erklären können. Wenn er nun aber fortfährt, „Es ist denn hier auch offenbar die Absicht bei der Wahl des Ausdrucks gewesen, dass damit die allgemeine, über jede Teilkirche hinausliegende Gemeinschaft bezeichnet werden sollte. Die congregatio baptizatorum erscheint als der höhere, die römische Kirche als der Teilbegriff" — so ist dies sicher die Absicht der Franzosen bei der Wahl des Ausdrucks nicht gewesen. Offenbar ist uns aus den französischen und lombardischen Quellen vielmehr das geworden, dass auch die Franzosen der römischen Kirche den Charakter der wahren Kirche absprachen, so zwar, dass sie ihnen ein domus mendacii hiess, und ferner dass die Franzosen ihre eigene Gemeinschaft für die wahre Kirche hielten. Bei dieser Auffassung ist es für die Franzosen geradezu unmöglich, von einer über die Teilkirchen hinausliegenden allgemeinen Kirche und von der römischen Kirche als einem Bruchteil dieser allgemeinen Kirche zu sprechen. Und wenn nun Müller weiter fortfährt: „Die Weihe des Priesters, sofern sie durch die römische Kirche vollzogen wird, hat ihre Gültigkeit für die Franzosen darin, dass die Kirche Christi im weitesten Umfang, im lediglich religiösen Begriff als die Gemeinschaft der Getauften denselben anerkennt", so tritt hier die Schwäche dieser Erklärung in so auffallender Weise zu Tage, dass sie nur auseinandergesetzt zu werden braucht, um gerichtet zu sein. Denn wie soll denn diese „allgemeine über jede Teilkirche hinausliegende Gemeinschaft" ihre „Duldung" zu erkennen geben? Sie ist ja ein unsichtbares über den Teilkirchen schwebendes Etwas, sie hat keine Verleiblichung ausser eben in den Teilkirchen. Das scheint denn Müller auch zu meinen. denn er schliesst seine Erklärung mit den Worten: „und dass die römische Kirche zwar nicht die Kirche Christi ist, wohl aber innerhalb derselben steht und eben darin den Rechtstitel für ihre Sakramentsverwaltung hat." Somit läuft also Müllers Erklärung darauf hinaus, dass die über jede Teilkirche hinausliegende allgemeine Kirche mittelst eines ihrer Bruchteile, der römischen Kirche, einen Priester duldet, sustinet in officio, und so lange sie dieses thut, so lange lassen sich die französischen Waldesier dieses Priesters Sakramentsverwaltung gefallen, mag er nun ein guter oder schlechter Priester sein. So entscheidet also nach Müller für die

Franzosen dieselbe römische Kirche, welche ihnen nach Rainer non est ecclesia Jesu Christi, oder welche ihnen nach den Akten von Toulouse das „Haus der Lüge", domus mendacii ist, ob und wie lange ein römischer Priester ihnen das Sakrament verwalten darf. Ich halte es für unnötig, länger bei dieser Auslegung zu verweilen. Sie selbst, die Waldesier sind es nach dem ganzen Zusammenhang der Stelle, welche darüber entscheiden, ob und wie lange ein römischer Priester ihnen das Sakrament spenden soll, sie sind die congregatio baptizatorum, und dieser Begriff ist ein Wechselbegriff mit der congregatio Valdesianorum oder dem commune Valdesianorum. Wie die Kommune über die Ehescheidung, über die Dauer des Dieneramtes entscheidet, so entscheidet sie, ob und wie lange ein römischer Priester ihnen das Sakrament verwalten darf.

Nennen nun aber die französischen Waldesier ihre Kommune die congregatio baptizatorum, so verstehen sie unter der Kommune nicht bloss die Reiseprediger, sondern auch ihre Credentes, denn nicht bloss ihre Reiseprediger sind Getaufte. Und geht von der Kommune alle kirchliche Gewalt aus, und wird dieselbe als die congregatio baptizatorum bezeichnet, dann ruht auch nach unserem Sendschreiben die kirchliche Gewalt bei den Waldesiern auf dem allgemeinen Priestertum.

Müller macht sich ganz unnötige Bedenken, wenn er sich die Frage vorlegt, wie denn die Gemeinden sich hätten versammeln sollen, oder wenn er sagt, von einer Vertretung der Credentes finde sich nirgends eine Spur. Die Gemeinde der Waldesier hatte eben ihre natürliche Vertretung in den Reisepredigern, ebenso wie die evangelische Kirche, deren ganzes Kirchenwesen gleichfalls auf dem allgemeinen Priestertum ruht, Jahrhunderte lang vornehmlich nur in ihren Predigern das Organ hatte, durch welches sie die ihr gegebene Vollmacht ausübte.

Ist aber die Kommune der Waldesier die Inhaberin der kirchlichen Gewalt und betrachtet sich die Kommune als die Kongregation der Getauften, also auch der Credentes, so ist ersichtlich, welcher tiefe Gegensatz sich auch hier bei den Waldesiern der römischen Kirche gegenüber aufthut. Denn dann erscheint das Amt nicht als ein ausser und über der Gemeinde stehendes Mittleramt, sondern als eine von der Gemeinde gegebene Vollmacht, das in geordneter Weise für alle zu verwalten, was jeder einzelne schon kraft des allgemeinen Priesertums zu thun berechtigt wäre.

Von den Aemtern bei den Waldesiern.

Wir können hier nicht auf alle Fragen in dieser Hinsicht eingehen. Denn abgesehen davon, dass bei der Spärlichkeit der Zeugnisse über die Organisation der Waldesier im einzelnen eine Reihe kritischer Erörterungen nötig wäre, die hier zu weit führen würden, so ist auch unsere Aufgabe hierin durch unser Thema vornehmlich auf die italischen Armen beschränkt und auf deren Missionsgebiet in Deutschland, und auch hier wieder vornehmlich auf die Waldesier des 14. Jahrhunderts. Ich werde hiefür freilich auch auf die älteren Quellen zurückgehen müssen.

In dem Sendschreiben über den Konvent zu Bergamo vom J. 1218 sind es zuerst zwei Verfassungsfragen, über die berichtet wird: die eine betrifft die Vorsteherschaft (4), die andere die Ordination von Dienern (5). Beide Fragen werden von einander getrennt behandelt. Zuerst stellen die Italiener zu Bergamo die quaestio de praeponimento, dann wird die Antwort, welche die Franzosen gaben, mitgeteilt, und dieser Abschnitt mit den Worten abgeschlossen: Hoc, ut dictum est, de praeponimento fuit ultramontanorum (der Franzosen) responsio. Sodann gehen die Italiener zu der zweiten Frage mit den Worten über: Ad quaestionem autem nostram de ministrorum ordine, cujus tenor sic est: Secundo quaerimus quid sentitis et qualiter vos habere vultis de ordinatione vel ordine ministrorum, talem similiter dederunt responsionem etc. Die Antwort der Franzosen wird hierauf gleichfalls dem Wortlaut nach angeführt, und dieser Abschnitt ähnlich wie der erste mit den Worten geschlossen: Et hoc de ministris, ut diximus, fuit ultramontanorum responsio. Hierauf wird zu einer dritten Frage übergegangen, welche sich auf die Arbeiterkongregationen bei den Italienern bezieht.

Ueber die erste Frage, welche das Präponimentum oder die Vorsteherschaft betraf, können wir hier kurz sein. Die Italiener wollten praepositos aeternaliter d. i. auf Lebenszeit, die Franzosen, auf den Willen des verstorbenen Waldez sich stützend, rectores ad tempus d. h. nur auf kürzere Zeit. Wir lesen später in dem Passauer Anonymus, dass die Waldesier ihre Bischöfe in Italien besucht hätten[1]), und in dem Verzeichnis der österreichischen Orte, wo die Waldesier Eingang gefunden

---

1) Bei Flac. 646: et Ita Lombardiam intrantes visitant episcopos suos.

hatten, wird Einzenisbach als ein Ort angegeben, wo die Waldesier einen Bischof hätten. Da Moneta, der nicht lange nach dem Sendschreiben der italischen Armen schrieb, hervorhebt, dass die Waldesier die drei ordines des Diakonats, Presbyterats und Episkopats angenommen hätten, und hiebei für die Italiener keine Ausnahme macht, so darf man annehmen, dass den Italienern die praepositi als Bischöfe galten. Unter den nach Bergamo abgeordneten Franzosen heisst es von den zwei zuerst genannten (15): qui ambo tunc temporis actionem annualem juxta suam consuetudinem procurabant. Wir werden unter diesen wohl die beiden Rektoren der Franzosen haben, welche jährlich in der Geschäftsleitung wechselten. Ueber die weitere Entwicklung der Verfassung bei den Franzosen hat Müller eingehendere Untersuchungen vorgenommen, auf die ich hier verweise.[1])

Wir wenden uns zu dem zweiten Punkte der Verhandlungen zu Bergamo, zu der Ordination der ministri. Wenn ich Müller recht verstanden habe,[2]) so sollen unter den ministri des Sendschreibens nur die Bischöfe der Sekte, d. h. bei den Italienern die praepositi, bei den Franzosen die rectores gemeint sein.[3]) Allein wir sahen schon, dass die Frage über die Ordination der ministri völlig unabhängig und ohne jede Rückbeziehung auf die erste Frage im Sendschreiben behandelt wird. Wären die ministri mit den episcopi oder den Vorgesetzten identisch, so könnte ein rückweisendes Wort nicht fehlen. Der Begriff der ministri muss also wohl bei den Italienern, mit denen wir es hier zunächst zu thun haben, ein weiterer sein. Betrachten wir die Stelle des Sendschreibens über die ministri näher. Die Italiener fragen: quid sontitis et qualiter vos habere vultis de ordinatione vel ordine ministrorum? Und die Antwort der Franzosen lautet: ministros taliter eligere communiter vel de nuper conversis vel de amicis in rebus permanentibus ordinare aeternaliter vel ad tempus secundum quod communi utilius vel amplius ad pacem pertinere videbitur. Für die res permanentes sollen also ministri ordiniert werden. Ich verstehe unter den res permanentes die ständig

---

1) a. a. O. S. 85 ff.
2) a. a. O. S. 47 f.
3) „Also wird man auch schliessen dürfen, dass die Minister eben diejenigen sind, welche diese höchste Weihe (die Bischofsweihe) erhalten haben." S. 48.

wiederkehrenden Funktionen[1]), natürlich des kirchlichen Dienstes, im Gegensatz zu solchen Funktionen, welche nicht ständig sind, für welche es besonderer ministri entweder nicht bedarf, oder für welche ministri nur in ausserordentlichen Fällen beauftragt sind. Die ständig wiederkehrenden kirchlichen Funktionen für die Sekte aber waren: Predigen, Beichthören, die Sakramente verwalten. Wenn nun nach Abschnitt 23 die Verwaltung des Altarsakraments den ministri zukam, so folgt natürlich daraus nicht, dass nur die, welche dieses Sakrament verwalteten, ministri waren, denn die Predigt des göttlichen Wortes oder das Beichthören war ebenso eine res permanens wie die Verwaltung des Altarsakraments. Nun aber ersehen wir aus den Inquisitionsakten der Mark (Wattenbach S. 43), dass die „Apostel oder Brüder und Meister" in der Regel nicht zugleich auch Priester waren[2]), wiewohl sie in den genannten Akten in Parallele gesetzt werden mit den römischen presbyteri. Dürfen wir daraus einen Rückschluss machen auf die Stelle des Sendschreibens, so werden unter ministri ausser den Bischöfen und den zur Konsekration des Abendmahls befugten Priestern auch die verstanden sein, welche als Apostel umherzogen, predigten und Beichte hörten[3]). Nach Moneta erkannten die Waldesier als durch die Schrift begründete ordines nur die drei der Bischöfe, Presbyter und Diakonen an[4]). In welchen ihrer ministri sahen sie nun die Diakonen der alten Kirche? Moneta legt, ehe er die Ein-

---

1) So schon in meinen Beiträgen. Dagegen Müller: „Ich kann mir aber nicht recht denken, wie dieser Sinn in den Worten stecken soll". Warum er nicht darin „stecken" könne, sagt er nicht. Von seinen eigenen Vorschlägen bemerkt er dann selbst, dass sie keinen ganz glatten Gedanken geben.

2) Wattenb. 43: quod bonos sanctos homines habentes auctoritatem a Deo praedicandi et confessiones audiendi melius presbiteris, et ante paradisum recipere sapientium, attamen non crediderit eos presbiteros a papa vel episcopis. Oder: attamen non reputaverit eos presbiteros ordinatos tales qui possent publice celebrare missas. Vgl. damit ebendaselbst: Sie werden als Apostel, Apostelbrüder, als Nachfolger der Apostel, als „domini" bezeichnet, doch immer mit dem Zusatz, dass sie nicht geweihte Priester waren: „nisi quantum unus alteri tribueret benedictionem et autoritatem. Der letztere Satz, da er unter den Presbytern einen Unterschied macht, kann sich nur auf die dem Presbyterat wesentliche Funktion, auf das sacerdotium oder die Macht, das Altarsakrament zu konsekrieren, beziehen.

3) Müller fragt mich, ob das auch von den Franzosen gelte? Ich antworte mit ja, da den Begriff des ministerium auf die rectores zu beschränken, durch das Sendschreiben selbst deutlich verwehrt ist, und an sich der Begriff des Wortes ministerium ein weiterer ist als der des sacerdotium.

4) l. c. 318 vgl. 402.

würfe der Häretiker in Bezug auf diese Aemter zu widerlegen sucht, erst die Pflichten dieser Aemter dar. Er sagt, die lateinische Bezeichnung für die diaconi sei ministri. Ihre Aufgabe sei sacerdotibus assistere et ministrare eis in omnibus quae aguntur, id est in sacramentis Christi, sc. in baptismo, in chrismate, in patena et calice et in dispensando aliis corpus Christi, postquam confectum est a sacerdote. Item eorum est praedicare verbum [1]). Nun war zwar die Anschauung über die drei genannten ordines bei den Waldesiern eine andere, insbesondere was die Quelle für die Machtbefugnisse betrifft, aber immerhin könnten nach dem Satze eorum est praedicare verbum ihre Reiseprediger ihnen als die Diakonen der alten Kirche gegolten haben. Daneben ist eine andere Möglichkeit die, dass sie die Priester, welche die Befugnis, das Altarsakrament zu konsekrieren, hatten, und die Reiseprediger gleicherweise als Vertreter des Presbyterats ansahen, so dass das Diakonat das Amt derer gewesen wäre, welche als socii die Predigerbrüder begleiteten und vielleicht dabei den Dienst des Sammelns von Gaben für die Zwecke der Sekte zu versehen hatten. Denn nach dem Vorgange Luc. 10, 1 zogen auch die Predigerbrüder je zu zweien [2]).

Da, wie wir wissen, die italischen Armen der früheren Zeit im Gegensatz zu den Franzosen es verwarfen, die Sakramente aus der Hand der römischen Priester zu empfangen, weil nach ihrer Anschauung die Kraft zur Sakramentspendung von der Würdigkeit des Spendenden abhängig war, die allen Priestern der „ecclesia malignantium" fehlte, so bedurften sie einer grösseren Zahl von sacerdotes als die Franzosen. Diese nämlich liessen die Ihrigen die Sakramente aus der Hand römischer Priester empfangen und erkannten die Kraft römischer Amtshandlungen an [3]). Von diesem Gesichtspunkte aus nun, glaube ich, müssen wir die weiteren Worte des Sendschreibens verstehen: eligere communiter vel de nuper conversis vel de amicis. Bei der Wahl ihrer ministri werden nämlich die Franzosen auch auf solche gesehen haben, welche in ihrer Sekte ehemalige römische Priester waren, also auf solche, welche

---

1) l. c. 312.
2) Vgl. Wattenbach, Ueber die Inquisition etc. 44: Semper ibi duo venerunt.
3) cf. Moneta l. c. 406: Valdensibus ultramontanis, qui concedunt quod ecclesia Romana habet septem (?) sacramenta et quod a nobis ea reciperent, si dare vellemus, et credunt nos conficere etc.

den einfachen Credentes nicht gleich waren, sondern durch ihren Ordo etwas vor ihnen voraus hatten. Es wird sich bei den Franzosen darum gehandelt haben, ob man diese, ohne sie eine längere Zeit erprobt zu haben, zu Ministern der Gemeinde ordinieren könne[1]). Bei den Franzosen scheint sonst nur noch der erste der Rektoren, also der thatsächliche Nachfolger des Waldez das Recht, das Altarsakrament zu konsekrieren, gehabt zu haben[2]). Es konnte aber nur dann die französische Praxis den Italienern, und von ihrer Auffassung der römischen Kirche aus mit Recht, zum Anstosse dienen, wenn die französische Kommune noch unerprobte römische Priester ohne weiteres zu solchen ministri machte, welche das Abendmahl konsekrieren konnten, weil damit der römischen Weihe ein Zugeständnis gemacht war. Anderseits werden die Franzosen Anstoss daran genommen haben, dass mit der Gewalt des Sacerdotiums bei den Italienern einfache amici betraut wurden, da sie solches ja bei sich selbst nicht für erlaubt hielten. Da nun mehrfach die Sätze, über die man zu Bergamo übereinkam, Unionsformeln sind, in welchen beide Societäten ihre Grundsätze wiederfinden konnten, so wird auch der Satz eligere communiter vel de nuper conversis vel de amicis dahin zu verstehen sein, dass die Franzosen den Italienern damit die Wahl von

---

1) Wenn Müller für meine Uebersetzung de nuper conversis „aus den neu Uebergetretenen" und für meine Vermutung, dass darunter wohl übergetretene Priester der römischen Kirche gemeint seien, auch nicht den geringsten Anhaltspunkt findet, und dagegen sich für seine Annahme, dass die conversi diejenigen seien, welche der Welt entsagt haben, um sich der apostolischen Vollkommenheit zu widmen, auf den herrschenden Sprachgebrauch beruft, nach welchem die conversio das Aufgeben der Welt, das Uebergehen aus dem Weltleben in den Stand der Vollkommenheit, also meist den Eintritt in den Mönchsstand bezeichne — so hat er völlig übersehen, dass es in den Akten von Toulouse stehender Sprachgebrauch ist, den Rücktritt von den Häretikern zur römischen Kirche mit converti, conversio, conversus zu bezeichnen. Da lag es doch den Waldesiern nahe genug, umgekehrt auch den Uebertritt aus der römischen Kirche zur Sekte als conversio und den Uebertretenden als einen conversus zu bezeichnen (cf. Lib. sent. 208, 201 et al: non vis a secta et haeresi supradicta converti nec reverti ad ecclesiasticam unitatem — quamvis ad conversionem saepius fuerint invitati — per confessionem multorum conversorum etc. Vgl. auch Wattenbach l. c. 21. 30. 32. 41 etc.). Sind ferner nach Müller die nuper conversi die Novizen im apostolischen Leben, und will die Unionsformel mit dem de nuper conversis die Praxis der Franzosen, mit de amicis die der Italiener bezeichnen, so bleibt es bei der Annahme Müllers völlig unverständlich, wie das nuper hier hereinkommt, das ja von den in dieser Frage noch weiter nach links stehenden Italienern unmöglich angefochten werden konnte.

2) Lib. sent. 291: Item credidit — et a Valdensibus audivit dici, quod dictus Johannes Lothoringus, quamvis non esset sacerdos, sed erat majoralis praedictae sectae, missam poterat celebrare.

Abh. d. III. Cl. d. k. Ak. d. Wiss. XVIII. Bd. I. Abth. 10

sacerdotes aus dem Kreise der amici, und hinwieder die Italiener den
Franzosen die Wahl von sacerdotes aus erst kürzlich übergetretenen
römischen Priestern zugestanden. Auch das vel aeternaliter vel ad tempus
der Unionsformel ist dann wieder wie bei der Vorsteherschaft in der
Weise zu scheiden, dass sich das aeternaliter d. i. auf Lebenszeit auf die
Italiener, das ad tempus auf die Franzosen bezieht. Die Ordination der
ministri hatte bei den Italienern Gültigkeit auf Lebenszeit, bei den Franzosen nur auf eine gewisse Zeit, deren Dauer entweder gleich anfangs
festgesetzt war, oder die unbestimmt blieb und nach der schon besprochenen
Formel (23): donec congregatio baptizatorum sustinet eum in officio in
den einzelnen Fällen entschieden wurde.

Wir stellen hier nur noch in Kürze die Bezeichnungen zusammen,
welche wir für die in Oesterreich, Böhmen, der Mark und Pommern
vorkommenden ministri im 13. und 14. Jahrhundert finden, sowie das
was sich auf ihre Funktionen und ihre Lebensweise bezieht. Sie heissen
fratres, magistri, apostoli, fratres apostolici, vicarii apostolorum, confessores,
presbyteri, praedicatores[1]) und werden als boni, recti, sancti homines, als
amici Dei[2]) bezeichnet. Bei weitem die meisten sind nur Prediger und
Beichtiger[3]); einmal wird auch einer Frau gedacht, welche Beichte hörte[4]).
Von besonderen Merkmalen in ihrer Tracht ist bei den Predigern der
späteren Zeit nicht mehr die Rede. Diese Merkmale verschwanden nach und
nach, als die Verfolgungen begonnen hatten. Alles was an das Priestertum der
römischen Kirche erinnerte, wie Tonsur und priesterliche Gewänder, fiel natürlich bei ihnen hinweg[5]). Sie verwarfen die Ansicht, dass der Bischof allein
die Macht habe zu ordinieren[6]). Die Prediger sollten in apostolischer Armut

---

1) Vgl. den Bericht v. 1391: Praedicti nominantur inter eos apostoli, magistri et fratres. Für
presbyteri, confessores, fratres apostolici, vicarii apostolorum, praedicatores vgl. Wattenb. 32. 48. 44. 45.
2) Ausser der Stelle bei David von Augsburg, auf welche ich schon früher hinwies, noch
Conc. Narbon. (Pract. inqu. 221. Limb. H. inqu. 198) Si crediderunt eos in sua secta salvari posse, vel
esse bonos et sanctos homines, vel Dei amicos. Märkisch-Pommer'sche Akten (Wattenb. Ueber
die Inquisition etc. 40): dixerat, quod si vellent boni homines, amici Dei et apostoli etc.
3) Wattenbach S. 43: Immer mit dem Zusatz, dass sie nicht geweihte Priester waren:
„nisi quantum unus alteri tribueret benedictionem et auctoritatem".
4) Wattenbach S. 42: Ultimo confessa in Tramburch viduae kune Woldenbergsche.
5) Petrus 1398 nr. 75: Damnant clericalem tonsuram. nr. 81: Damnant et reprobant ornatus
et paramenta sacerdotum. nr. 82: Item quaelibet insignia pontificum.
6) Geht schon aus der obenangeführten Beweisführung jenes Thomas bei Moneta hervor,
sodann aus Sätzen, wie Pass. An. bei Fl. 643: Quod nemo major sit altero in ecclesia, oder aus

leben¹); sie durften keinen eigenen Besitz haben²), sollten aber ein Handwerk ausüben³). Sie konnten verheiratet sein⁴). Auch in diesen beiden letzten Punkten unterschieden sich die italischen Armen von den französischen Waldesiern, welche ihren Predigern die Handarbeit und die Ehe verboten. Das Predigen des Wortes Gottes, ja auch das Beichthören war indes, wie schon oben hervorgehoben wurde, nicht bloss auf Ordinierte beschränkt; auch die Credentes predigten⁵).

4. Die Lehre der Taboriten über Priestertum und Gemeinde.

Die Taboriten hatten wohl ein eigenes Priestertum, welchem sie die Sakramentsverwaltung übertrugen, aber sie unterschieden sich dadurch von den Kalixtinern, dass sie sich die Gültigkeit dieses Priestertums nicht von der Weihe durch einen Bischof abhängig dachten, sondern von der Einsetzung durch die Gemeinde, die durch Laien und Priester vertreten war. Der Ordo, so sagt ihr Bekenntnis von 1431, ist die Gewalt, welche von Gott einem geeigneten Menschen gegeben wird, im Unterschied von den Laien das Gebührende in einer das Heil vermittelnden Weise für die Kirche zu verwalten, und diese Uebertragung der Gewalt erfolgt durch gewissen und jeweiligen menschlichen Dienst. Als nicht mit der Schrift übereinstimmend wird das kirchliche Herkommen verworfen, nach welchem der Ordo bloss von den Bischöfen übertragen werde, in der Meinung, als ob der Bischof eine höhere sakramentale und wesentliche Befugnis habe als andere Männer und einfache Priester⁶).

Sätzen, wo der Firmung gedacht ist ib. 644: Mirantur etiam, quod episcopis solis liceat confirmare. Dass damit auch das ausschliessliche Recht der Bischöfe auf die Priesterweihe verworfen sei, dafür vgl. den Einwurf der Pass. An. 650: Soli apostoli manus imponebant, ut Matthiae Act 1.
1) Wattenb. a. a. O. 89: ambulantes in terra in forma apostolorum.
2) Pass. An. Flac. 644: Quod clerici possessiones non debent habere.
3) Pass. An. Flac. 644: Clerum damnant propter otium, dicentes eos debere manibus operari sicut apostoli. Ders. Cod. lat. Mon. 311: Doctores etiam ipsorum sunt textores et sutores. Wattenbach 42: Quod aliqui ex eis fuerint sutores.
4) Pass. An. Flac. 645: Quod erraverit ecclesia, clericis matrimonium prohibendo. cf. Pass. An. Clm. 311 f. 100: Ipsi (die röm. Kleriker) sunt incontinentes, sed (Text: si) unusquisque nostrum suam uxorem habet et cum ea caste vivit.
5) Pass. An. Fl. 645: Quod omnis laicus et foemina debeat praedicare. 1. Kor. 14, 5: Volo vos omnes loqui linguis, ut ecclesia aedificationem accipiat.
6) Apol. v. J. 1431 l. c. 609: De illo ordine ergo ex fide scripturarum tenemus et corde sinceriter confitemur, quod, quantum ad propositum sufficit, vocatur potestas data a Deo homini

Wenn nun auch für die Verwaltung der Sakrameute ein eigener Priesterstand eingesetzt war, und die taboritischen Priester, wie wir aus der Chronik des Brezowa und des Nikolaus von Pelhřimow ersehen, in allen Lehrfragen das Wort führten und die thatsächliche Entscheidung hatten, so war dies doch immer nur in dem Sinne gemeint, dass diese Priester (die gewöhnliche Bezeichnung ist presbyteri) nur die berufenen Vertreter der gläubigen Gemeinde seien, und dass die Gesamtheit der taboritischen Gemeinden es sei, welche über Lehre und Gottesdienst bestimme oder Anordnungen treffe; wie wir denn auch die einzelnen Gemeinden bei Versammlungen, in welchen über allgemeine Fragen beraten und entschieden werden sollte, vertreten finden [1]).

Auch darin fand die Auffassung, dass die in der Kirche ausgeübten Rechte an erster Stelle in der Gesamtheit aller Gläubigen, mithin im allgemeinen Priestertum ruhen, ihren Ausdruck bei den Taboriten, dass die Verkündigung des Evangeliums sowie das Beichtehören bei ihnen auch von Nichtordinierten geschehen konnte [2]).

Die Taboriten hatten unter ihren Priestern einen Bischof (Nikolaus von Pelhřimow) und neben dem Priestertum noch das Diakonat, wie es scheint [3]).

idoneo, ministerio humano quodam quandoque concurrente, ad debita (Höfler u. Lydius: debita) differenter a laicis sacramentaliter ecclesiae ministrandum, cujus exordium in novo testamento fuit a Christo, de cujus sacramento istud confitemur: Quod non ex fide scripturas, sed ex consuetudine habetur ecclesiae, quod ordo tantum a solis episcopis conferatur. intelligendo episcopum plus sacramentalis auctoritatis essentialis habere ultra alios viros (Text bei Höfler singulos: unos. Der richtige Text bei Lydius) et simplices sacerdotes.

1) So z. B. bei den im J. 1424 zwischen Taboriten und Kalixtinern geführten Verhandlungen über die Lehre Fontes Scr. VI, 590: Quibus utrisque (die Prager Magister und die taboritischen Priester) loco et tempore ipsis limitatis constitutis ex mandato et deliberatione auditorum etc. und: quibus convenientibus et tractatum inter se incipientibus coram dictis auditoribus et certis personis ab omnibus communitatibus legi Dei adhaerentibus deputatis et coram magna multitudine saecularium et spiritualium astantium etc.

2) Anon. rel. 1416 l. c. 637: A laicis simplicibus est praedicatum etiam, et ipsi praedicantes confessiones in domibus civitatis audiverunt. Apol. v. 1431 l. c. 607: Dreierlei Busse, 1) vor Gott, 2) secunda vero est poenitentia aggregata ex illa et expressione vocali singulariter facta Deo et (Text: vel) cuiquam indifferenti fideli, 3) sed tertia poenitentia est aggregata ex duabus prioribus et promulgatione secreta private facta presbytero et ad istam poenitentiam magis attenditur (in der römischen Kirche) propter lucrum.

3) Palacky III, 2 S. 194 erwähnt unter den Vorwürfen, welche die Gegner den Taboriten machten: Die Taboriten wollten, es solle nur Priester und Diakonen geben; sie wählten ihren Bischof selbst; manche ihrer Priester träten in den Ehestand. Vgl. Font. VI, 696 in der gegen die

Stimmen in diesen Punkten, so wie in der Verwerfung der priesterlichen Kleidung und Abzeichen die Taboriten mit den Waldesiern überhaupt überein, nur dass jetzt unter günstigeren Umständen bei den Taboriten das allgemeine Priestertum in den öffentlichen Versammlungen auch zum Ausdruck kommt, so zeigen andere Bestimmungen über das Priestertum ihre besondere Uebereinstimmung mit den italischen Armen. So vor allem ihre von den Kalixtinern bekämpfte Lehre, dass die Konsekration eines schlechten Priesters unwirksam sei[1]), sodann neben der Forderung, auf zeitliche Güter zu verzichten, die Forderung der Handarbeit für die Priester[2]) und die Gestattung der Ehe für dieselben[3]).

Mit der Entfesselung der religiösen Bewegung und der Begeisterung, welche eine Zeit lang einen grossen Teil der Taboriten beherrschte, hängt es wohl zusammen, dass sie sich von ihren ersten Taborversammlungen an untereinander Brüder und Schwestern nannten. Bei den Waldesiern scheint der Name der Fratres bis zum Ende des 14. Jahrhunderts auf die Reiseprediger selbst beschränkt geblieben zu sein. Aber auch hier könnte der Zusammenhang der Taboriten mit den Waldesiern verbunden mit dem religiösen Aufschwung zur Erklärung des erweiterten Gebrauchs dienen.

5. Die Waldesier und die Taboriten in Bezug auf die kirchlichen Weihungen.

Wir kommen im Zusammenhang mit den vorausgehenden Abschnitten zu der Frage von den kirchlichen Weihungen oder Segnungen. Die Darlegung der Ansichten der Waldesier wird hier von neuem zeigen, wie wenig die Urteile Müllers über das Wesen der Waldesier und ihre

---

Kalixtiner gerichteten Darstellung der Abendmahlsfeier aus der Zeit des Dionysius: Erant autem ad hoc ordinati diaconi, qui conscii erant populi. Ili, si quem sciebant indignum, non admittebant.

1) Vgl. die gegen die Taboriten aufgestellten 23 Sätze der Prager von 1418: IX. Nemo audent dicere, quod sacerdos eo ipso quod peccat mortaliter, publice vel private, non possit Deo auctorisante baptisma et eucharistiam consecrare. X: Nemo debet aut potest eucharistiam conficere, quantumcunque sanctus fuerit, nisi sacerdos ad hoc deputatus et ordinatus. Vgl. Anon. rel. b. Pal 638: quia tales concubinarii non conficiunt etc.

2) 14 Art. l. c. 392: Sacerdotes evangelici non possunt habere bona temporalia. Sätze v. 1418. XXIII: Quod sacerdotes evangelici, laborantes cum plebe etc. Ihr Gegner Brezowa l. c. 394: Primo enim communis per regnum et externas terras volabat enormis fama, qualiter in regno Bohemiae autores et sartores divina peragerent, et quod non fuit differentia inter laicum et presbyterum, cum bar bati et intonsi in propriis vestibus missarum solemnia celebrarent.

3) Palacky a. a. O. S. 194.

Bedeutung für eine Reformation der Kirche den Thatsachen entsprechen. Nach ihm sollen, wie wir sahen, nur einzelne Stücke des katholischen Systems abgeschnitten und ältere Schichten des religiösen und sakramentalen Lebens der Kirche konserviert sein. Das wolle aber im Grund wenig sagen gegenüber der Thatsache, dass hier (bei den Waldesiern) „einfach ein Teil der Funktionen der römischen Hierarchie auf die apostolisch lebenden Männer übertragen, jene Funktionen selbst aber kaum irgendwie anders gefasst werden."

Sehen wir zunächst, welche Stücke in Bezug auf Weihungen und Segnungen durch die Kirche bei ihnen abgeschnitten sind, und dann ob es wirklich an dem ist, dass dabei keine wesentlich andere Auffassung gewaltet habe, als es die der römischen Hierarchie war.

Der Passauer Anonymus sagt (bei Flacius 646): Omnes dedicationes, consecrationes et benedictiones candelarum, cinerum, palmarum, chrismatis, ignis, cerei, agni paschalis, matrum post partum, peregrinorum locorum sacrorum, personarum sacrarum, vestium, salis et aquae derident. Ecclesiam muratam reputant ut horreum et appellant vulgariter Steinhaus nec Deum ibi habitare autumant. Act. 17: Non in templis manufactis habitat Deus, et quod orationes non plus ibi valeant quam in cubiculo. Matth. 6: Tu autem cum oraveris etc[1]).

Die Beseitigung der angeführten kirchlichen Segnungen ist zunächst auf Grund der Schrift erfolgt; aber es fragt sich, ob letztere nur in mechanischer Weise für das Geschäft der Ausscheidung gedient habe, ob wir hier eine so zu sagen nur reduzierte Aeusserlichkeit vor uns haben, oder ob eine geistigere Auffassung der Schrift selbst zu Grunde liegt, welche die Verwerfung dieser und verwandter Dinge zur Folge hatte.

Wenn wir nun bereits im Sendschreiben vom J. 1218 bei den Franzosen die Ansicht vertreten sehen, dass die Macht zu konsekrieren im göttlichen Worte und nicht im Ordo liege; wenn wir ferner eben-

---

[1]) Cf. Petr. Coel. 1398. nr. 18 sqq. Cimiterium non credunt sanctius quam agrum vel alium locum ut pomerium etc. Item ecclesiam consecratam non credunt sanctiorem quam aliam domum quancunque. Item altare consecratum non credunt sanctius etc. 31: Reprobant ornatus et ornamenta sacerdotum. 38: Credunt in stabulo et in horreo aequaliter sicut in ecclesia esse orandum. 59: Item aquam baptismalem non credunt aqua quacunque alia sanctiorem etc. 60—63: Item sentiunt de aqua aspersionis benedicta — de sale consecrato — de palmis benedictis — de cineribus et candelis. 66: Benedictiones ciborum tempore paschali nullius credunt esse valoris etc.

daselbst von den Italienern den alt- und neutestamentlichen Standpunkt, unter Anziehung von Schriftstellen über Kindesalter und Mannesalter, Knechtschaft und Freiheit, gegenüber gestellt finden; wenn wir weiter in den obenangeführten Punkten die Waldesier sich unter Hinweis auf die Schrift auf die Wahrheit berufen sehen, dass Gott nicht an eine bestimmte Oertlichkeit gebunden sei: so sind das nicht etwa nur vereinzelte zufällige Erkenntnisse, sondern es zeigt uns eine grosse Anzahl von Argumenten der Waldesier, dass sie die in der Kirche herrschende Vermischung des Unwesentlichen mit dem Wesentlichen, des Aeusserlichen mit dem Innerlichen, des Irdischen mit dem Göttlichen erkannt hatten, so dass es falsch ist zu sagen, die priesterlichen Funktionen seien bei ihnen kaum anders gefasst worden als in der römischen Kirche. Denn wenn auch die Italiener in der Frage über den unwürdigen Priester den Franzosen entgegen sind, gebunden an eine Priesterweihe erscheint ihnen darum die Kraft der Konsekration doch nicht [1]), und ebenso wenig denken sie sich dieselbe abhängig von dem Orte, wo sie vorgenommen, oder von der Sprache, in der sie vollzogen wird [2]).

Die Verwerfung geweihter Kerzen begründen sie mit dem Hinweis auf die Schrift, dass Gott als das wahre Licht des Lichtes nicht bedürfe[3]), die der Weihe von Kirchen, Kirchhöfen. Wasser, Oel, Palmen und anderer Dinge mit dem Hinweise auf den Satz: res irrationales non possunt capere aliquid sanctitatis. Dem Bilderdienst gegenüber verweisen sie auf die Worte Weish. 15, 6: Morte sunt digni, qui spem in talibus habent etc.[4]), das priesterliche Singen verwerfen sie mit der Bemerkung. dass in den Worten und nicht in der Melodie die Kraft liege[5]).

Auch eifrige Glieder der mittelalterlichen Kirche beklagten die Herabziehung des Göttlichen ins Sinnliche, Aeusserliche; die Heilsgnade wurde an eine Menge sinnlicher Dinge, Orte, Gebräuche, Formeln geknüpft, welche ihre Kraft durch die Sanktion der Kirche erhielten.

---

1) Vgl. das Sendschreiben nr. 28: Tamen si quis ad recipiendum hoc sacramentum dignus accesserit, credimus quod, licet non per ministri indigni et reprobi orationem sive benedictionem, a domino impetrat quod exoptat. Pass. Au. b. Flac. 644: Quod transsubstantiatio non fit in manu indigne conficientis, sed in ore digne sumentis et confici possit in mensa communi.
2) Pass. An. bei Flac. 645: Quod s. Scriptura eundem effectum habeat in vulgari etc.
3) Pass. An. b. Flac. 646: Quod deus, qui est lux vera, non indigeat lumine.
4) Piliebd. 291. 297.
5) Pass. An. b. Flac. 646.

Dies führte vielfach zu einer Vergötterung des Sinnlichen, so dass der persönliche Verkehr mit Gott sich verlor und dafür die Beziehung zu den einzelnen Dingen, an die das Göttliche geknüpft war, zur Hauptsache wurde. Es ist die scharfe Scheidung des Menschlichen, Irdischen von Gott und den göttlichen Dingen, die Befreiung von diesen Aeusserlichkeiten, um sich zu Gott selbst und seinem Worte zu erheben, wie wir aus den Argumenten der Waldesier ersehen können, was sie bei ihrer Purifikation des Kultus und der kirchlichen Gebräuche leitet. Wir werden ihnen auch in diesem für das religiöse Leben so wichtigen Punkte eine wahrhaft reformatorische Bedeutung zuerkennen müssen.

In allen diesen Dingen aber sind die Waldesier die Vorläufer der Taboriten. Auch diese verwerfen, hierin von den Kalixtinern sich unterscheidend, alle Weihungen von Altären, Kirchen, Gefässen, Messkleidern, Glocken, Kirchhöfen, von Wasser, Chrysam, von allerlei Speisen zur Osterzeit, von Palmen, Lichtern[1]) u. s. w., selbst das Zeichen des Kreuzes, sofern man demselben eine magische Kraft zuschrieb. Der zugrunde liegende Gedanke ist, dass Christus und nicht das Zeichen die wahre Quelle des Segens sei. Vergleicht man die Verzeichnisse der Taboriten von dem, was sie in Kultus und Ritus verwarfen, mit den waldesischen bei den Inquisitoren, so decken sie sich fast vollständig und erinnern sogar manchmal im Ausdrucke aneinander[2]), und nicht minder finden wir bei ihnen dieselben Motive wie bei den Waldesiern wieder[3]).

---

1) 14 Sätze von 1420 l. c. 391: Quod nullum chrisma aut sacrum oleum ant aqua baptismalis sunt consecranda vel sanctificanda. Similiter calix nullus, corporale aut ornatus et de aliis rebus in ecclesia fieri consuetis sunt exorcisanda, benedicenda aut sanctificanda. Similiter nullae horae canonicae sunt dicendae. Nec ritus missae in ornatu et signis ac ordine dudum ab ecclesia constituto, nec cantus ecclesiastici sunt tenendi, sed potius tanquam humanae traditiones et legis Dei impeditiva abjicienda et destruenda. Vgl. Pal. Doc. 656.

2) Taboriten: Dicunt quod ecclesia lapidea, in quo mali concubinarii officiant, sit spelunca latronum. Waldesier (Pass. Anon.): Ecclesiam muratam reputant ut horreum et appellant vulgariter Steinhaus — dicentes, quod cogantur ad ecclesiam propter quaestum.

Taboriten: Nec ritus etc. sunt tenendi, sed potius tamquam humanae traditiones et legis Dei impeditiva abjicienda et destruenda. Waldesier (Pass. An.): Quod traditio ecclesiae sit traditio Pharisaeorum et quod major vis fiat in transgressione humanae traditionis quam legis divinae. Matth. 15: Quare transgredimini mandata Dei etc.

3) Font.VI. 582: Sexto dixerunt, quod ille ritus magistrorum (der Prager Magister) tenet multitudinem signorum, quae sunt multis occasio perfidiae et superstitionum et specialiter ibi sunt laquei simplicibus sacerdotibus, qui virtutem dei more gentilium reponunt in characteribus et in signis, quod videtur esse occultus contractus et desponsatio cum daemoniis et est crimen nigromanticae artis etc.

6. Waldesier und Taboriten über die Taufe.

Dass die Waldesier nicht wie die Katharer die Wassertaufe verworfen haben, steht fest. Dass aber unter ihnen eine Streitfrage über die Taufe bestanden habe, ersieht man aus dem Sendschreiben. Nachdem die Italiener, wie schon erwähnt, drei Fragen (über die Vorsteherschaft, über die Einsetzung von Dienern und über ihre, der Italiener, Arbeiterkongregationen) an die Franzosen gestellt haben, stellen hinwieder die Franzosen drei Fragen über die Taufe, die Ehe und über Bruder Thomas an die Italiener. Der nähere Inhalt dieser Fragen ist nicht angegeben, wir können nur aus der Antwort der Italiener und aus der Rückantwort der Franzosen denselben ermitteln. Da lautet nun die Antwort der Italiener in Bezug auf die Taufe: Dicimus quod nemo aquae materialis baptismum respuens potest salvari, parvulos vero non baptizatos minime credimus salvari et hoc oramus eos credere et fateri. Worauf die Franzosen ihre Rückantwort in der Weise geben, dass sie nur den ersten Teil der Antwort der Italiener auch zu ihrem Bekenntnis machen, den zweiten Teil in betreff der Kindertaufe aber unbeantwortet lassen. Die Franzosen sagen nämlich: Ad quaestiones nostras de baptismo dicimus, quod nullum salvari credimus nisi baptizatus fuerit in aqua materialiter. Die Italiener waren mit den Rückantworten der Franzosen zufrieden, unter der Bedingung jedoch, dass die Franzosen ihre Erklärungen auch durch die That erhärteten: De his igitur — consentientes juxta praedictam utrorumque confessionem invicem fuimus, attamen si verba eorum, uti praenotatum est, effectum haberent.

Wir haben schon auf die Bedeutung unseres Sendschreibens für die Feststellung der Lehren beider waldesischer Kreise aufmerksam gemacht. Es ist die einzige authentische Quelle aus diesen Kreisen selbst, welche wir aus der älteren Zeit haben, so dass wir an ihr einen Massstab für die Berichte der römischen Schriftsteller haben und allenfallsige Irrtümer dieser Schriftsteller, die nicht selten sind, darnach zurechtstellen können. Denn diese Schriftsteller verwechseln nicht nur mehr oder weniger die Ansichten der beiderlei Kreise, namentlich in Deutschland, wo auch die französische Genossenschaft ihre Anhänger hat, sondern sie nehmen wohl auch hie und da in den Kreis der waldesischen Lehren eine Lehre auf, welche einer nichtwaldesischen Sekte angehört.

Wir haben daher zunächst lediglich unser Sendschreiben ins Auge zu fassen, um die Ansicht der Waldesier über die Taufe zu ermitteln. Da geht nun aus der Bitte, welche die Italiener ihrer Antwort beifügen, et hoc oramus eos (die Franzosen) credere et fateri, unwidersprechlich hervor, dass die Franzosen das, was den Inhalt der Antwort der Italiener ausmacht, nicht oder wenigstens nicht ganz angenommen hatten. Die Italiener hatten aber in dieser ihrer Antwort zweierlei bekannt: 1) dass keiner, der die Wassertaufe verwerfe, selig werden könne, 2) von den nichtgetauften Kindern aber, so fahren sie fort, minime credimus salvari et hoc oramus etc.

Wenn nun die Italiener sich ausdrücklich zur Kindertaufe bekennen, und wenn sie die Franzosen bitten, dass diese das, was die Italiener über die Taufe sagen, auch annehmen möchten, und wenn dann die Franzosen in ihrer Antwort nur sich zu dem ersten Satze der Italiener bekennen, von dem zweiten, der die Kindertaufe betrifft, aber schweigen, so folgt, dass bei den Franzosen die Notwendigkeit der Kindertaufe wenn nicht bei allen, so doch bei einem Teil derselben bestritten worden sein muss. Was kann dann aber die Franzosen bewogen haben, den Punkt über die Taufe zu berühren, wenn sie selbst in einer so wichtigen Frage wie die Kindertaufe eine Gegenforderung der Italiener zu erwarten hatten? Die Antwort kann nur die sein, dass die Verwerfung der Kindertaufe bei den Franzosen oder einem Teil derselben bisher Gegenstand der Angriffe von seiten der Italiener war, so dass die Franzosen sich genötigt sahen, zu fragen, ob die Italiener auch fernerhin um dieses Punktes willen sie zu bestreiten gewillt seien. Daraufhin antworteten die Italiener mit der Wahrung ihres Standpunktes bezüglich der Kindertaufe, liessen aber die schliessliche Formel der Franzosen, nach welcher sich diese nur überhaupt zur Notwendigkeit der Wassertaufe bekannten, zu, womit sie die bei den Franzosen oder einem Teil derselben vorkommende Unterlassung der Kindertaufe stillschweigend geschehen liessen. Wenn Müller einen gegenteiligen Sinn in den angeführten Stellen des Sendschreibens gefunden hat, und meint, nicht ein Teil der Franzosen, sondern ein Teil der Lombarden müsse die Kindertaufe verworfen haben, so übersieht er, dass die Lombarden es sind, welche die Franzosen bitten, diesen Punkt von der Notwendigkeit der Kindertaufe anzunehmen: et hoc oramus eos credere et fateri.

Aus dem Sendschreiben selbst hat Müller nur einen Grund zu entnehmen versucht, der meiner Erklärung entgegenstehen soll. Er findet es höchst sonderbar, dass die Franzosen eine Frage über die Taufe sollten angeregt haben, wenn sie sich selbst in Betreff der Kindertaufe nicht ganz „stichfest" gefühlt hätten. Aber er übersieht die doch so nahe liegende Möglichkeit, dass die Franzosen wünschen konnten, bisher erfahrene Angriffe in Zukunft unterlassen zu sehen. Wenn ferner Müller sich für die Verwerfung der Kindertaufe bei den Lombarden auf Rainer Sacchoni, den Passauer Anonymus und David von Augsburg beruft, so beziehe ich mich auf das oben über die römischen Schriftsteller Gesagte, deren Berichte ihre Korrektur durch unser Sendschreiben erhalten, nicht umgekehrt. Dass aber die Bitte der Italiener an die Franzosen, auch die Notwendigkeit der Kindertaufe zu bekennen, keinen Zweifel darüber lasse, wo diese Notwendigkeit behauptet wurde und wo nicht, ist klar [1]).

Was nun das Taufritual anlangt, so wird bei den österreichischen Waldesiern nicht nur die Weihung des Taufwassers, sondern auch die Salbung mit Chrysam, der Exorcismus, die Patenschaft verworfen. Ebendieselben Gebräuche verwerfen auch die Taboriten; die Kinder sollen, so heisst es in den 14 Artikeln, nicht getauft werden unter Exorcismen, mit Zuziehung von Paten, in eigens dazu gesegnetem und geweihtem Wasser, sondern können in jeglichem frischen Wasser und an jeglichem Orte getauft werden [2]).

---

1) Bezüglich der drei genannten katholischen Schriftsteller bemerke ich, dass David von Augsburg von vornherein auszuscheiden ist, der vorzugsweise, wie ich gegen Müller ausgeführt habe, französische Waldesier im Auge hat, mithin vielmehr ein Zeuge dafür ist, dass bei den Franzosen die Notwendigkeit der Kindertaufe bestritten wurde. Wie unsicher aber Rainer ist, beweisen dessen Aeusserungen über die Franzosen hinsichtlich der Abendmahlsfeier, und was den Passauer Anonymus betrifft, so ist zu beachten, dass derselbe nicht von allen Waldesiern sagt, dass sie die Kindertaufe verwerfen, sondern dass dies nur von „Einigen" (Pass. An. b. Fl. 649) geschehe. Da er es vorherrschend mit lombardisch missionierten Armen in der Diöcese Passau zu thun hat, in dieser Diöcese aber auch Anhänger der französischen Waldesier vorkamen, so können unter den quidam nur solche französische Waldesier gemeint sein.

2) Pass. An. b. Flac. 644: De sacramento baptismi dicunt quod nihil sit catechrismus, quod absolutio, quae datur infantibus, nihil prosit, quod susceptores, quid respondeant sacerdoti, non intelligant. Exorcismos omnes et benedictiones omnes reprobant.

Vgl. ebendas. 649. Sätze von 1398 nr. 79: Reprobant exorcismum et alias orationes, quas

7. Waldesier und Taboriten über das Abendmahl.

Die Transsubstantiationslehre war in den beiden Kreisen der Waldesier die herrschende. Dies bezeugt eine Mittheilung des Bernhard Guidonis, die der Zeit vor der Trennung entstammt, und ebenso geht aus dem Sendschreiben hervor, dass diese Lehre keinen Grund des Zwiespalts gebildet habe. Auch die österreichischen Waldesier des Passauer Anonymus bekannten sich zu derselben.

Schon in jener ältesten Zeit aber muss die Lehre vom Abendmahl als einer Opferhandlung verworfen worden sein; es scheint dies aus der Schilderung ihrer Abendmahlsfeier in der ältesten Zeit hervorzugehen, die wir nach Bernhard Guidonis hier wiedergeben wollen [1], weil sie uns manche Vergleichungspunkte für die spätere Feier des Abendmahls bei den Taboriten bietet. Nach diesem Berichte feierten die alten Waldesier die Messe nur einmal im Jahre, am Gründonnerstag. Da lässt dann der, welcher „Vater" unter ihnen ist, einen Tisch zurichten mit einer Decke und darauf ein Gefäss mit reinem Wein stellen und ungesäuertes Brod legen. Dann sprechen sie alle knieend siebenmal das Vater unser und erheben sich wieder. Hierauf bezeichnet (signat) der Konsekrierende Brod und Wein, bricht das Brod und gibt dann allen da stehenden ihr Stückchen, und ebenso gibt er allen aus dem Becher zu trinken, und dabei stehen sie, und damit ist ihre Opferhandlung beendet, und sie glauben fest und bekonnen, dass das der Leib und das Blut unseres Herrn Jesu Christi sei, und falls etwas vom Opfer übrig bliebe, so bewahren sie das bis zum nächsten Pascha, um es dann vollends zu nehmen. Durch das ganze übrige Jahr geben sie ihren Kranken nur gesegnetes Brod und Wein.

Dieser Bericht bezeichnet zwar die geschilderte Handlung in der herkömmlichen Weise als ein Opfer, zeigt aber, dass dabei nichts vorkam, was an eine Darbringung des Leibes und Blutes als eines Opfers erinnern könnte. Bei den österreichischen Waldesiern des Passauer Anonymus

---

dicunt sacerdotes super pueros baptizandos nr. 59: Aquam baptismalem non credunt aqua quacunque alia sanctiorem, cum in qualibet alia valeat baptizari.

Vgl. damit 14 Art. 1891): Infantes non debent exorcismis et solitis in baptismate compatribus, in aqua ad hoc benedicta et consecrata baptisari, sed possunt in quacunque unda recenti et ubicunque libuerit, baptisari. vgl. Apol. v. 1431 l. c. 602.

1) Pract. inqu. 247.

wird das Opfer ausdrücklich verworfen. Es heisst da, dass sie lehrten, dass die Messe nichts sei, weil sie die Apostel nicht gehabt hätten, und dass sie (in der römischen Kirche) nur um des Gewinnes willen gefeiert werde. Die Darbringung des Priesters (oblatio) nütze nichts. Die Messe sei nichts, weil Christus und die Apostel nicht gesungen hätten, ferner weil Christus einmal geopfert sei, der Priester aber ihn zweimal des Tages opfere [1]). Ferner sagt der Passauer Anonymus, dass die Waldesier von dem Messkanon der römischen Kirche nur die Worte Christi annähmen und gebrauchten und zwar diese in der Landessprache. Dies ist in dem weiteren Sinne gemeint, dass sie auch das Vater unser dabei beteten, wie dies schon Bernhard Guidonis für die frühere Zeit, und dann für später auch der Cölestiner Petrus bezeugen [2]). Damit ist klar ausgesprochen, dass sie die ganze Opferhandlung nach römischem Begriff verworfen haben. Bedenkt man, von welcher Tragweite das Messopfer für die römische Kirche ist, und sehen wir hier die Verwerfung desselben ausgesprochen, so wird man auch hieraus ermessen können, wie irrtümlich Müller urteilt, wenn er sagt: die Funktionen des römischen Priestertums seien von den Waldesiern kaum irgendwie anders gefasst worden.

Bei den französischen Waldesiern scheint die Abendmahlsfeier innerhalb ihres Kreises eine seltene geblieben zu sein; nicht so bei den Italienern und den von ihnen bestimmten österreichischen Waldesiern im 13. Jahrhundert. Denn von letzteren sagt der Passauer Anonymus: sie missbilligen es, dass die Gläubigen der römischen Kirche nur einmal des Jahres die Kommunion nehmen, sie selbst thun es täglich [3]). Das ist nun wohl so zu verstehen, dass sie die Zeit, in der einer ihrer Priester bei ihnen war, benützten und es täglich empfingen. Im 14. Jahrhundert aber kommt die Abendmahlsfeier bei ihnen nur selten vor, wie der Bericht vom J. 1391 und der Traktat Pilichdorfs ergeben. Das ist wohl eine

---

1) Pass. An. b. Fl. 644: Quod missa nihil sit, quod eam Apostoli non habebant et quod fiat propter quaestum. Quod oblatio sacerdotis, quae fit in missa, nihil prosit. cf. 650: Missam nihil dicunt esse, quia Christus nihil cantavit nec apostoli, item, quia Christus semel oblatus, sacerdos eum bis immolat in die. Canonem missae non recipiunt, nisi tantum verba Christi vulgariter.
2) Sätze von 1398 nr. 85: Omnia verba sacrae missae solis verbis consecrationis et Pater noster exceptis dicunt et credunt esse superflua et nihil ad officium missae pertinere.
3) P. A. b. Fl. 644: Quod semel tantum in anno communicant fideles, reprobant. Quod ipsi communicant quotidie.

Folge des Mangels an Priestern bei den italischen Waldesiern¹). Viele kommunizierten in der römischen Kirche, woraus man indes nicht auf eine Annäherung an die französischen Waldesier wird schliessen dürfen, welche die Wirksamkeit der Konsekration durch römische Priester anerkannten. Vielmehr wird hier die Ansicht der Italiener vermittelnd eingetreten sein, dass die Wandlung nicht durch die Hand des unwürdigen Priesters, wohl aber in solchem Falle im Munde des würdig Geniessenden sich vollziehe. Die römischen Quellen sagen, sie hätten das gethan, um die Verfolgung nicht auf sich zu ziehen, wie sie denn aus demselben Grunde auch zur Beichte bei römischen Priestern gegangen wären.

Wir haben in dem Bericht v. J. 1391 eine Schilderung der Abendmahlsfeier, welche in manchen Stücken an die alte Feier erinnert, von der Bernhard Guidonis erzählt. Darnach pflegten einige das Abendmahl zur Paschazeit zu feiern und zwar so, dass einer ungesäuertes Brod auf einen kleinen Teller (super parvum asserem) legte, dazu Wein und Wasser²) setzte mit einem Löffel (vinum et aquam ad unum cochlear), beiderlei Gaben segnete und sich und andern darreichte, worauf Teller und Löffel ins Feuer geworfen wurden. Wenn dazu bemerkt wird, dass die Mehrzahl der Magister auf eine derartige Kommunion nicht viel Vertrauen setze und deshalb (propterea) zur Kommunion in die römische Kirche gehe und zwar, um nicht bemerkt zu werden, zu einer Zeit, wo ein grosser Zudrang sei; und wenn es weiter heisst, dass hinwieder auch viele lieber 4—5 Jahre auf die Kommunion verzichten und sich zur Osterzeit verbergen, um von den Römischen nicht erkannt zu werden, so deutet das darauf hin, dass wir es im Obigen mit einer Abendmahlsfeier zu thun haben, welche wohl bei den französischen Waldesiern vorkam, aber von den italienisch-österreichischen verworfen wurde.

Dass bei den alten Waldesiern die Austeilung des Abendmahls unter beiderlei Gestalt stattgefunden habe, haben wir aus Bernhard Guidonis ersehen. Auch der Passauer Anonymus gedenkt des Kelchgebrauchs³)

---

1) Vgl. das Schreiben der Lombarden v. J. 1368 bei Müller S. 118 Anm. 1.
2) Die Mischung mit Wasser ist nicht die alt-waldesische Praxis, vgl. oben den Bericht bei Bernhard Guidonis.
3) Bei Flacius 648: Conficiunt in picario i. e. poculo domestico pro calice.

und ebenso ist, wie wir fanden, in dem Bericht von 1391 von einer Feier unter beiderlei Gestalt die Rede. Von dieser Feier aber waren die credentes oder amici nicht ausgeschlossen [1]).
Bedeutsam ist für die Vergleichung mit den Taboriten auch die Lehre, dass der schlechte Priester nicht wirksam konsekrieren könne. Wir fanden diese Lehre von den Italienern den Franzosen gegenüber geltend gemacht im Sendschreiben, sie findet sich dann bei den österreichischen Waldesiern wieder in der Zeit des Passauer Anonymus [2]) und besteht bei ihnen noch fort gegen Ende des 14. Jahrhunderts [3]).
Wie die Waldesier, so hielten auch die Taboriten der ersten Zeit noch an der Brodverwandlungslehre fest. Es geht dies nicht nur aus den 23 Artikeln der Prager Magister hervor, in welchen alles zusammengestellt ist, was sie an den Gegnern, aus welchen sich die taboritische Partei bildete, auszusetzen haben, indem hier keines Gegensatzes zur Transsubstantiationslehre gedacht ist, sondern es sagt auch Březowa, der kalixtinische Gegner der Taboriten, da wo er ihre Abendmahlsfeier, wie sie zur Zeit des J. 1420 war, schildert, mit ausdrücklichen Worten, die taboritischen Presbyter hätten mit lauter Stimme und in der Volkssprache die Weiheworte gesprochen, damit das Volk wisse, dass der Priester konsekriere, und beim Empfange nicht zweifle, es sei Christi wahrer Leib und kostbares Blut [4]). Derselbe Březowa gibt ferner das Ende des Jahres 1420 als die Zeit an, in welcher eine ganz rationalistische Abendmahlslehre bei den Taboriten Anhänger gewonnen habe [5]).

---

1) Pass. An. 644: Quod semel tantum in anno communicant fideles reprobant. Quod ipsi communicant quotidie. Für die fideles der römischen Kirche können hier nur die amici oder credentes als parallel stehend gedacht werden.
2) l. c. 614: De sacramento eucharistiae dicunt, quod sacerdos in mortali peccato non possit conficere.
3) Vgl. die Polemik Pilichdorfs l. c. 281: Sicut ergo fornicatio aut adulterium non tollit a rege regalem dignitatem, si alias etc. — ita nec potest tollere dignitatem sacerdotalem, si alias rite sacramenta administrat etc.
4) Fontes l. c. 393. Vgl. auch Anonymi rel. v. J. 1416 Doc. p. 637: Item dicunt, quod omnes sacerdotes neque hoc fuerunt fures, quod sanguinem Jesu Christi vobis non dederunt. Instruentes populum ita dicunt: si cubicularius dando tibi corpus Christi dicit, credis, quod hic sit corpus Christi? dicas, credo etc.
5) l. c. 412: Eo tempore diabolus non dormiens —— prodiit in publico nocivior, et dudum absconditus error, ut haeresis palliata, Christianae religionis totaliter destructiva, quod scilicet sub specie panis et vini per presbyterum legitime consecratum non sit verum corpus etc. Das

Man wird die spätere taboritische Abendmahlslehre, welche der kalvinischen ähnlich ist, als eine Wirkung der Kämpfe ansehen müssen, welche durch die eingedrungene rationalistische Ansicht hervorgerufen wurden. Auch in der Verwerfung des Messopfers stimmen die Taboriten mit den Waldesiern überein. Die anonyme Relation von 1416[1]) sagt, dass die Neuerer in Austie (dem späteren Tabor) ausserhalb der Messe das Volk kommuniziert und die Weihehandlung vorgenommen hätten, indem sie nur gewisse Gebete sprachen. Aus dem Mahnschreiben der Prager Magister vom 25. Jan. 1417 ersehen wir, dass sie die Messe für die Verstorbenen verwarfen. Nach den 14 Artikeln des J. 1420 verwarfen sie den ganzen kirchlichen Messritus mit den Messbüchern und namentlich auch die Elevation des Sakraments[2]). Auch aus der Schilderung der Abendmahlsfeier bei den Taboriten, welche Březowa zur Erläuterung der 14 Sätze folgen lässt, geht hervor, dass das priesterliche Opfer beseitigt war. Vergleichen wir damit noch das taboritische Bekenntnis vom J. 1431 (Höfl. VI, 613), wo die wesentlichen Punkte für den ritus missandi aufgezählt werden, so fehlt auch hier die Opferhandlung. Auch andere Sätze derselben Schrift, wie der folgende: In ecclesia primitiva, ubi unus sacerdos conficiebat in omnium fidelium congregatione — — et alii praesentes in memoriam mortis Christi, qui est unica et sufficiens oblatio, sacramentum eucharistiae ab illo sumebant (Lyd. 35), sagen deutlich genug, dass und zugleich warum die Lehre vom Messopfer verworfen wurde. Wir erinnern uns hier des Einwurfs der Waldesier bei dem Passauer Anonymus gegen die römische Messe: Quia Christus semel oblatus, sacerdos eum bis immolat in die. Es ist beachtenswert, dass weder von Wiclef noch von Hus die Lehre vom Messopfer verworfen worden war. Auch die Prager oder Kalixtiner erkennen das Opfer an. Die Taboriten haben in der Verwerfung des Messopfers die Waldesier zu ihren Vorgängern.

---

eo tempore schliesst an vorher erwähnte Thatsachen wie die Einnahme von Přibenic an, welche am 13. Nov. 1420 stattfand.
1) Doc. 630.
2) 14 Sätze v. 1420, 10, wo der Satz: Sacramentum eucharistiae — non est elevandum, gleichfalls das Opfer ausschliesst, wenngleich er wohl in erster Linie gegen die Anbetung der Hostie gerichtet sein soll.

Aber auch mit der Lehre, dass der unwürdige, der schlechte Priester nicht konsekrieren könne, weisen die Taboriten auf die Waldesier und zwar auf die italische Genossenschaft zurück[1]). Es ist dies besonders beachtenswert. Denn auch in diesem Punkte haben die Taboriten weder Wiclif noch Hus zu Vorgängern[2]). Ein weiterer Punkt der Vergleichung ist die Austeilung des Abendmahls unter beiderlei Gestalt an alle Gläubigen. Wir wissen, dass der Kelch das Wahrzeichen der Husiten nach Husens Tode geworden ist, dass auch die Prager, die nur in wenigem von den römischen Lehren und Gebräuchen abwichen, vor allem den Kelch forderten, wie sie denn auch hievon den Namen Kalixtiner erhalten haben. Die Tradition in Böhmen hat die Einführung des Kelchs dem Einfluss eines Waldesiers, des Petrus von Dresden, auf Jakob von Mies zugeschrieben. Palacky hat die Grundlosigkeit dieser Annahme nachzuweisen versucht. Er hebt hervor, dass keine gleichzeitige Quelle etwas darüber enthalte und sieht in dieser Nachricht eine tendenziöse Erfindung, welche den Böhmen den Kelchgebrauch als eine angeblich vom Auslande importierte Sache habe verleiden sollen. Ich kann hier auf die Prüfung der Einwendungen Palackys nicht näher eingehen und bemerke nur, dass mir seine Beweisführung eine ziemlich unsichere zu sein scheint. Für uns kommt ja zunächst nur der Einfluss der Waldesier auf die Taboriten in Frage, so dass der Einfluss eines oder mehrerer Waldesier auf den Prager Magister Jakob von Mies in der Abendmahlsfrage — denn im übrigen zeigt sich wenig Gemeinsames — hier gleichgültig ist. Bei den Taboriten aber erinnert fast alles bei der Austeilung des Kelches und bei dem ganzen Abendmahlsritus an die Waldesier[3]). Denn wie bei diesen, so ist es auch bei

---

1) Die Antithesen der Prager Magister von 1418 nr. 9: Nemo audeat dicere, quod sacerdos eo ipso, quod peccat mortaliter publice vel private, non possit deo auctorisante baptisare et eucharistiam consecrare ac alia sacramenta fidelibus ministrare etc. 72 Sätze v. 1420, 41: Item quod nullus sacerdos in quocunque peccato mortali existens habet autoritatem a Deo conficiendi aut baptizandi.
2) Vgl. Lechler, Wiclif I, 608 ff. und II, 248.
3) Anon. rel. v. 1416 l. c. 687: Item dicunt, quod omnes sacerdotes usque huc fuerunt fures, quod sanguinem Jesu Christi vobis non dederunt. Font. VI. 691: Respondemus ad hoc, quare in missa aquam vino non admiscemamus, quia haec admixtio non est de necessitate sacramenti etc. 14 Sätze von 1420 l. c. II, 392: Omnis presbyter cum platta et in ornatu vel superpellicio divina peragens aut missam ritu consueto celebrans, est sicut illa meretrix, de qua scribitur in Apocalypsi,

den Taboriten ein ungeweihter Kelch, aus dem sie spenden; im Unterschiede von der Praxis der Prager und der römischen Kirche, aber im Einklang mit dem alt-waldesischen Brauch ist der Wein nicht mit Wasser vermischt; es sind nur das Vaterunser und die Einsetzungsworte, die sie bei der Konsekration sprechen und zwar sprechen sie dieselben in der Landessprache, sie brechen das Brod, sie teilen es aus an einem gewöhnlichen mit einem Tuche überdeckten Tische, der Austeilende trägt seine gewöhnliche Kleidung, sie lassen von den konsekrierten Elementen nichts bis zum andern Morgen übrig, sie feiern das Abendmahl täglich. „Die taboritischen Priester verwarfen die menschlichen Traditionen und feierten die hl. Handlung im Barte, ohne Tonsur, im grauen Kleide, ohne die kanonischen Horen zu lesen, ohne Ornat, Corporale und (geweihten) Kelch, unter freiem Himmel oder in Häusern, und nicht an einem geweihten Altar, sondern an einem Tische, der mit einem Tuche bedeckt war. Auch sprachen sie gegen den Messgebrauch nicht die Kollekte mit dem Kanon, sondern sogleich betete einer unter den Presbytern mit seinen Brüdern knieend, den Kopf an der Erde und das Hinterteil hoch, das Vater unser, und dann stand der auf, der das Sakrament zu bereiten hatte, und sprach nur die Worte der Konsekration (der Einsetzung) über die Hostien und den Wein, und zwar mit lauter verständlicher Stimme in der Volkssprache. Und so bereitete er den Leib Christi nicht mit runden Hostien, wie sie die Kirche hat, sondern mit irgendwie geschnittenen oder gebrochenen, und das kostbare Blut des Herrn nicht von einem Wein, der in einem Kelche sich befand, sondern in irgend einem zinnernen, eisernen, thönernen oder hölzernen Gefäss. Und diese Art des Messelesens halten alle taboritischen Presbyter in Prag und auswärts, indem sie zugleich ausserhalb der Kirchen zu feiern pflegen und sagen, so hätten in der alten Kirche Christus und die Apostel die Messe gefeiert" (Březowa l. c. 393).

Zwei Punkte sind es, die hier noch einer besonderen Bemerkung bedürfen. Wir sahen, dass die Waldesier in Oesterreich das Abendmahl

---

a fidelibus contemnenda. Sed missa est ad instar Christi et apostolorum cum barbis et sine platta in communi veste et sine altari, in quocunque loco contigerit, celebranda. Et sacramentum eucharistiae alta voce propter astantes est conficiendum et ipsum non est elevandum nec in crastinum est conservandum.

im 13. Jahrhundert sehr oft — der Passauer Anonymus sagt täglich — feierten, dass aber im 14. Jahrhundert diese Feier nur selten stattgefunden hat. Wenn wir nun hier einstweilen vorausnehmen, dass die Taboriten die Erben der Waldesier sind, wie erklärt sich dann bei ihnen die Wiederaufnahme des älteren Brauches der Waldesier, indem sie das Abendmahl täglich feierten? Ich halte dafür, wie ich oben schon bemerkt habe, dass die grössere Seltenheit der Feier bei den deutschen Waldesiern im 14. Jahrhundert nur die Folge einer Notlage war, in der sie sich befanden; es mochten teils der Mangel an Priestern, teils die Verfolgungen dazu geführt haben. Jetzt, wo unter der Aufregung Böhmens nach dem Tode des Hus alle Schranken gefallen waren, machte sich die nie aufgegebene, nur durch die Zeitumstände an der Durchführung verhinderte Ansicht wieder geltend.

Ein zweiter Punkt ist die Kommunion der kleinen Kinder, welche bei den Taboriten vorkommt und von den Pragern wohl in der von den Taboriten geübten Weise, aber nicht prinzipiell bestritten wird[1]). Für diese findet sich in den Quellen über die Waldesier kein Zeugnis. Darum könnten sie dieselbe indes doch gehabt haben und sie nur nicht ein Gegenstand der Verurteilung durch die Inquisitoren gewesen sein. Denn diese in der älteren Kirche geübte Sitte erhielt sich trotz mancher Verbote seit dem 12. Jahrhundert an einzelnen Orten bis in den Anfang des 15. Jahrhunderts[2]). Aber immerhin ist es auch möglich, dass man jetzt, in der Zeit völliger Freiheit, über eine von den Waldesiern noch innegehaltene Schranke hinausging.

8. **Waldesier und Taboriten über die Firmung.**

Confirmationem non curant, sagt der Passauer Anonymus, und fährt dann fort: hanc paucissimi recipiunt, ich verstehe zur Ergänzung: von den Priestern der römischen Kirche. Damit wird aber kaum gesagt sein, dass die Waldesier alles an dieser Handlung verwarfen. Sie verwarfen nur den

---
1) Vgl. den ersten der 23 Art. v. 1418 und Christann von Prechatic an Koranda Doc. 634. Die Prager tadelten die Taboriten, weil sie schon unmittelbar nach der Taufe den Kindern ohne Unterschied das hl. Abendmahl gaben (ein wenig von der konsekrierten Hostie und einen Tropfen Weins).
2) Vgl. Gieseler Lehrb. d. Kirchengesch. 3. Aufl. II, 2, S. 434, Anm. h.

römischen Gebrauch, und sprachen ihr den Charakter des Sakraments im römischen Sinne ab. Denn wenn sie dem Passauer Anonymus zufolge es an der römischen Kirche tadelten, dass sie nur den Bischöfen das Recht zu konfirmieren gebe (reprehendunt, quod hanc episcopi solis sibi servent), so werden sie sich wohl schwerlich auf den Tadel beschränkt haben. Mag nun auch Davids von Augsburg Wort, dass sie die Handauflegung statt des Sakraments der Firmung hätten [1]), von französischen Waldesiern gelten, so haben doch auch die italisch-österreichischen die gleiche Praxis gehabt, wie dies aus den Sätzen des Inquisitors Petrus hervorgeht: Haeresiarchae omnes, heisst es da (nr. 14), et alii credentes non credunt confirmationem sanctam esse sacramentum, sed loco ejus habent manuum impositionem. Dabei fällt die Ausdrucksweise haeresiarchae omnes et alii credentes auf. Nicht alle Credentes scheinen sich demnach auf den Standpunkt der Häresiarchen erhoben zu haben: einige hielten sie noch für ein Sakrament, d. h. sie glaubten, dass ein besonderes Heilsgut an die irgendwie bestimmte Materie der Firmung geknüpft sei.

Dem Passauer Anonymus zufolge legten die österreichischen Reiseprediger die Hände auch bei der Beichte auf und lehrten (644): Quod ipsi per impositionem manus peccata dimittant et dent Spiritum sanctum. Nun finde ich, dass in den märkischen Inquisitionsakten der ersten Beichte eine besondere Bedeutung beigelegt ist. Sie macht zum Mitgliede der Sekte. Die Jahre, welche einer zur Sekte gehört, werden von der ersten Beichte an gezählt. Ob man also wohl die erste Beichte zugleich als Firmung angesehen haben mag? Dabei scheint der oder die in die Sekte Einführende eine ähnliche Stellung wie der Firmpate gehabt zu haben. Sie werden als introductores oder introductrices noch lange nachher bezeichnet [2]).

Es bedarf hier freilich noch manches der weiteren Aufklärung. Einstweilen scheint als sicher angenommen werden zu dürfen, dass die Firmung

---

1) l. c. 207: Confirmationis sacramentum respuunt, sed magistri eorum imponunt manus discipulis vice illius sacramenti.

2) Wattenbach 37: Ipsam N. N. (11 Jahre alt) induxerat ad confitendum haeresiarchae in domo sua. Ib: induxit mulier dicta Kappe etc., cui serviens primo confessa est in camera domus inductricis, cum fuerat annorum forte XIII. Ib. 36: ipsam induxerunt, et quod faceret bene dixerunt ei, et accedere et confiteri haeresiarchae et nulli dicere. Et sint jam XXX bene anni. Ib: Ipsa ex inductione fratris confessa sit primo baeresiarchae in domo sua propria juxta ignem, quod sint jam XXVII anni. Ib 47: Quia fuit sibi prohibitum ab haeresiarchis et ab introductore.

als Sakrament verworfen wurde, und dass man die Handauflegung als etwas der Firmung Analoges angesehen habe.

Vergleichen wir damit die Lehre der Taboriten, so erkannten auch diese der Firmung nicht den Charakter eines Sakraments zu, hielten aber die Handauflegung für nützlich, wenn auch nicht für notwendig [1]).

9. Letzte Oelung.

Waldesier und Taboriten verwarfen die letzte Oelung [2]).

10. Beichte.

In Betreff der Beichte habe ich einen Irrtum zurückzunehmen. Ich setzte in meine Textausgabe des Sendschreibens, ich weiss nicht wie es kam, De confessione vero sive credulitate statt umgekehrt De credulitate vero sive confessione und schloss aus meiner Abschrift: es sei hier von einem neuen Streitpunkte, der Beichte, die Rede. Müller hat dies nun richtig gestellt. Nicht von der Beichte, sondern von einer früheren Ansicht der italischen Armen über das Abendmahl ist die Rede.

Wir sahen schon oben, wie bei den deutschen Waldesiern die erste Beichte den Eintritt in die Sekte bedeutete. Man glaubte in der Sekte, dass die Beichte vor den Predigerbrüdern, d. i. die von ihnen erteilte Absolution, eine weit kräftigere sei als die der römischen Priester. Es hatte dies seine Stütze in der Unterscheidungslehre der italischen Armen, dass Gott den unwürdigen Priester nicht höre [3]). Denn nicht eine an den Ordo gebundene Fähigkeit war ihnen die Absolution. Sie sind der An-

---

1) Conf. 1431 l. c. VI, 605: Sed quia videmus, quod Spiritus sanctus datus est ad robur apostolis Act. 2 et aliis fidelibus Act. 8 sine materia hujus sacramenti jam usitati, ergo non videtur institutum a Christo. Und 604: De qua manuum impositione istud catholice tenemus et corde sinceriter confitemur, quod licet ejus in apostolis sanctis habemus exemplum, nullibi tamen in scriptura adhuc invenimus de faciendo ipsum ex obligatione praeceptum; intentione tamen et ritu apostolico factam caeteris paribus salubrem fore et utilem confitemur, quod si cui placet potest exemplo apostolorum implorando baptizatis Spiritum sanctum manus ei operatrices imponere, ores morbidas confirmando etc.

2) Pass. An. b. Flacius 645: Sacramentum unctionis reprobant.
Dav. v. Augsb. S. 207: Unctionem extremam respuunt.
Conf. Tab. 1431 l. c. 611: Quod haec unctio antedicta non videtur esse a Christo nec ab ejus apostolis constituta etc.

3) Pass. An. p. 644: De sacramento poenitentiae dicunt, quod nullus possit absolvi a malo sacerdote. Quod bonus laicus habeat absolvendi potestatem.

sicht, dass der Priester nicht in richterlicher Weise absolviere, denn das
thue Gott allein[1]). Darum ist die Ohrenbeichte nicht notwendig. Darum
kann auch vor jedem anderen erfahrenen Mitgliede der Sekte die Beichte
geschehen. Denn es handelt sich lediglich darum, Gottes Erhörung zu
gewinnen, welche man allerdings durch die Fürbitte der Predigerbrüder
leichter zu erreichen hofft, da man ihrem Gebete um ihres heiligen
Lebens willen grössere Kraft zuschreibt[2]). Die dem Beichtenden auferlegten Werke, Fasten, Almosen und Gebete sind im Sinne der waldesischen
Lehre nicht genugthuend, sondern reinigende Zuchtmittel[3]).

Die Taboriten stimmen auch in der Lehre von der Beichte mit den
Waldesiern überein. Sie sprechen dem schlechten Priester die Macht
zur Absolution ab, sie verwerfen die Ohrenbeichte. Es genügt, die
Sünden vor Gott im Geiste zu bekennen. Doch erachten sie es für heilsam, auch einem anderen Gläubigen oder auch nach freiem Ermessen
dem Presbyter zu beichten. Gebete, Fasten, Almosen können dem
Beichtenden als heilsame Zuchtmittel auferlegt werden[4]).

1) Vgl. Sendschr. nr. 23, demzufolge die Transsubstantiation nicht durch den Priester selbst
bewirkt, sondern nur durch sein Gebet bei Gott vermittelt wird (si deus orationem ejus exaudi-
verit). Vgl. l'uss. Anon. 645: Absolutionem non curant nisi solum Deum. Sätze 1398 nr. 82:
Confessionem, quam Christi fideles faciunt ad pronounciationem sacerdotum, nullius credunt roboris
et momenti.

2) Wattenb. 40: Quod haberent plenissime dimittere peccata, et cui ipsi non dimitterent,
damnarentur, et quod ipsi dimitterent, esset ratum sicut Deus proprio suo ore dimitteret. S. 43:
Et quod haberent majorem auctoritatem dimittendi peccata presbyteris a Deo. Der Aberglaube
unter den einfältigen Anhängern S. 44 etc.: quod essent meliores presbyteris ecclesiae, et audiverit
quod de septennio ad septennium venirent ante paradisum — ad audiendum ibi sapientiam.

3) Wattenb. 46 etc.: Quod injunxerint ei pro poenitentia sex, octo, decem dies sextis et
quartis feriis ad jejunandum in pane et aqua, et dixerint quod hoc diligenter deberet servare et
quod mundaretur tunc sicut ex utero provenisset, et C vel I. diebus feriatis, et festivis CC vel
CCC Pater noster, et quod non indigeret dicere Ave Maria. Wenn unter den den niederen und
ungebildeten Volksklassen angehörigen Credentes die auferlegten Pönitenzen, wie Wattenbach
zeigt, noch vielfach im Sinne der römischen Kirche als satisfaktorisch aufgefasst werden, so ist
daraus noch kein Rückschluss auf die Lehre selbst zu machen. Die waldesische Ansicht in diesem
Punkte gibt uns Pilichdorf l. c. S. 287: Sed quia Waldenses haeretici persuasionibus hujusmodi
cum rationibus veritatis non poterant obsistere, ideo in duos alios errores pessimos sunt prolapsi.
Primus, quod nullum sit peccatum veniale. Secundus, quod quandocunque Deus dimittit
culpam, dimittat et poenam. Vgl. darüber auch den nächsten Abschnitt, und Pass. An.
b. Flac. 644: Quod non sit gravis poenitentia imponenda, exemplo Christi: Vade, noli amplius
peccare. Die angeführte Schriftstelle beweist, dass die auferlegte Pönitenz nicht als Genugthuung
aufgefasst wurde.

4) 14 Sätze 1420: Confessiones auriculares non sunt curandae aut observandae, nec ad eas
peccatores etiam criminales obliguntur, sed soli Deo sufficit mente tenus confiteri.

11. Von verdienstlichen Werken.

Da wo Pilichdorf den Ablass, die Wallfahrten, das Jubeljahr gegen die Waldesier verteidigt, sagt er, es sei der Unglaube der Waldesier in dieser Beziehung nicht zu verwundern, da sie die Verdienste der Heiligen leugneten [1]). Zwar geben sie zumeist als Grund, warum sie die Heiligen nicht anrufen, nur an, dass die Heiligen zu sehr in die Freuden der Ewigkeit versenkt seien, als dass sie sich noch um die Dinge auf Erden bekümmern könnten; aber eine Reihe von anderen Stellen zeigt, dass der von Pilichdorf angegebene Grund der eigentlich bestimmende war. So wenn der Passauer Anonymus von ihnen sagt, sie hielten nur die Apostel für Heilige. Wenn sie aber den Heiligen die Verdienste absprachen, dann konnten sie überhaupt keine Werke für verdienstlich ansehen. Wenn sie die Fastengebote der Kirche verwarfen mit dem Hinweis auf das Schriftwort: Das Reich Gottes ist nicht Essen und Trinken etc., wenn sie, wie wir sahen, die Lehre hatten, dass mit der Schuld in der Beichte auch die Strafe erlassen werde, wenn sie ferner das einmalige Opfer Christi für ausreichend zur Vergebung der Sünden erachteten und das kirchliche Messopfer verwarfen, und überhaupt die Ablässe, die Wallfahrten, die Mönchsgelübde für wertlos erachteten, so führt das alles auf eine der römischen Lehre entgegengesetzte Auffassung von den guten Werken zurück, auf eine Leugnung von der Verdienstlichkeit der menschlichen Werke [2]).

Conf. 1431 i. c. 607 sqq.: Unterscheidet von der innerlichen Beichte vor Gott, welche als die wesentliche erklärt wird, die Kundgebung der Sünde vor einem gewöhnlichen Gläubigen und nennt als dritte Art die geheime Beichte vor dem eigenen Presbyter. Letztere kann man thun nach freiem Ermessen, nicht aber weil sie vom Papste eingeführt ist. Sie ist nicht notwendig wie die erste Art. Die zweitgenannte kann sehr heilsam sein und hat die Praxis der ältesten Kirche für sich. Mit ihr können dann heilsame Zuchtmittel wie Fasten, Almosen, Gebete verbunden sein — adjunctis quandoque salubribus remediis jejuniorum, eleemosynarum, orationum aliorumque operum bonorum etc.

1) Pil. S. 294: Et non mirum, si haec non credunt, quia non credunt ea, de quibus haec proveniunt. Indulgentiales enim gratiae et veniae fluunt ad nos de fonte et rivulis. Fons est meritum Domini nostri Jesu Christi. Rivuli sunt merita sanctorum Dei.

2) Pass. Anon. 644: Quod oblatio sacerdotis, quae fit in missa, nihil prosit. 645: Indulgentias ecclesiae respuunt. ib: Canonisationem sanctorum contemnunt. 646: Jejunia ecclesiae non curant, Es. 5: Nunquid est tale jejunium, quod elegi? ib: Peregrinari Romam et ultra mare dissuadent. — Sepulcrum Domini et sanctorum sepulcra contemnunt. ib: Quod exequiae mortuorum, missae defunctorum, oblationes, pompae funerum, legata, visitatio sepulcrorum, vigiliae lectae et anniversaria

Wir haben schon bei der Lehre von der Beichte gesehen, dass die Taboriten die Busswerke nicht für genugthuend und sündentilgend hielten. Sie haben nur für etliche quos Deus ad hoc praeordinavit, d. i. also für solche, deren Natur ein solches Zuchtmittel bedarf, einen Nutzen insoferne, als die Scham, die Sünde zu bekennen und Busswerke thun zu müssen, sie von neuer Sünde zurückhalte[1]). Also eine genugthuende, die Sünde sühnende Kraft haben solche Busswerke nicht. So wird auch das Fasten nur als ein heilsames Zuchtmittel, nicht als ein genugthuendes Werk erklärt. Diese Auffassung liegt aber schon der taboritischen Lehre im J. 1418 zu grunde, wenn die Prager Magister im Gegensatze zu ihr hervorheben: Kasteiung des Leibes, Fasten und andere opera satisfactoria, wie Gebete, Almosen, Thränen seien aufzulegen; denn es genüge zur Busse nicht immer, die Sünde einfach nicht wieder zu thun (so verwiesen auch die Waldesier, wie wir sahen, auf das Wort Christi: Gehe hin und sündige hinfort nicht mehr. s. o.), sondern es sei dafür eine Genugthuung nach dem Vermögen des Bussethuenden erforderlich[2]). Mit den satisfaktorischen Werken fielen dann bei ihnen auch die Ablässe[3]), sowie die Lehre von den Verdiensten der Heiligen und deren Anrufung[4]). „Denn ist ein Fürsprecher nötig, dann scheint es kein anderer zu sein ausser der einige und alleinige, der gewisse und wahrhaftige und zureichende Vertreter Christus Jesus"[5]).

et cetera suffragia animabus non prosint. Aehnl. d. Art. v. 1391 und 1398 nr. 16. nr. 26: Damnant peregrinationes ad limina sanctorum, 27: praelatorum ecclesiasticorum indulgentias. nr. 65: Nihil omnino credunt de anno jubilaeo. nr. 67: Damnant omnes religiones monachorum.
Wattenb. 83: Das Ave Maria wird ihnen natürlich, da sie die Anrufung der Heiligen verwerfen, nicht auferlegt. Nur wenn sie es nicht als Gebet, sondern weil es Evangelium enthält, sprechen, ist es keine Sünde: Quid injunxerint ei pro poenitentia? Resp. quod L Pater noster et dominicis C et non Ave Maria, sed quod dixissent (haeresiarchae) sibi, esse evangelium, et non esse peccatum si diceret.
1) Conf. 1431, l. c. 606: Aliquibus tamen, quos Deus ad hoc praeordinavit, taliter conferri est utile, cum multi ex erubescentia de confitendi peccatum commissum et expletione poenitentiae injunctae cum timore alias confitendi a peccato se communiter praeservant.
2) Doc. 679 sq. sed requiritur pro eis satisfacere juxta posse poenitentis, si eis in aeternum aditum non praebere.
3) Conf. 1431 nach Lydius p. 145: Quidam fabulantur, quod papa concedit indulgentias pro spiritibus mortuorum.
4) Ib. 222: Jacobus — exprimens quod vana est oratio sine fide et cum haesitatione. Quia pro illa nihil dabitur homini, cum non sit spes, quod ille aliquid in oratione obtineat, qui orando credit aut confidit sanctis et in Deo non etc.
5) Ib. 224.

12. Bilder, Reliquien, Wallfahrten.

Nach den dargelegten Grundanschauungen, nach welchen alles Kreatürliche, sofern es an die Stelle Gottes treten wollte oder Gottes Freiheit zu binden schien, von den Waldesiern verworfen wurde, verstand es sich von selbst, dass bei ihnen für den Bilderdienst, für die Verehrung von Reliquien, für Wallfahrten kein Raum mehr war. Die Verehrung der Bilder galt ihnen als Götzendienst. Auch das Zeichen des Kreuzes wurde von ihnen nicht mehr gemacht [1]). In allen diesen Punkten, die Bezeichnung mit dem Kreuze eingeschlossen, sind die Taboriten mit den Waldesiern in Uebereinstimmung [2]).

13. Fasten und Feiertage.

Die Waldesier verwarfen alle kirchlichen Fasttage und alle Fest- und Feiertage mit Ausnahme des Sonntags [3]). Gleiches finden wir bei den Taboriten, und auch sie feierten nur den Sonntag [4]).

---

1) Pass. An. 646. Reliquias sanctorum contemnunt. Lignum sanctae crucis horrent propter supplicium Christi, nec signant se tali. 646: Peregrinari Romam et ultra mare dissuadent. 655: Imagines et picturas dicunt esse idolatrias, Ex. 20: Non facies tibi sculptile nec imagines. Sätze von 1398: Damnant et reprobant imaginum venerationes — osculationes reliquiarum — lignum sanctae crucis non credunt sanctius alio quocunque ligno communi. Darn verwerfen sie alle übrigen angeblichen Reliquien Christi oder der Heiligen, von denen der Inquisitor eine Reihe anführt.

2) 1420, 14 Sätze: Nulla imago vel aliqua similitudo eorum, quae sunt in coelo et terra, sub poena idolatriae est habenda, sed quaeque talis est tanquam idolum destruenda et comburenda. Pracbatic an Koranda Doc. 834: Qui suadent — — reliquias sanctorum incertas sterquilinio projicere, imagines denique eorum igni comburere.

Conf. 1491, Lyd. 256: Quod autem signum crucis in missa non facimus, hoc agimus ideo, quia — non est de substantia neque necessitate missae seu sacramenti eucharistiae, sed magis videntur praestare multis occasionem perfidiae et superstitionum, et sunt laqueus simplicibus sacerdotibus, et consequenter aliis plebibus, qui virtutem Dei more gentilium ponunt in characteribns et in signis. Caret quoque haec signa facere in missa vel alias ubicunque autoritate scripturae sacrae etc.

3) Pass. An. 645: Vigilias sanctorum contemnunt. Festum Paschae et omnia festa Christi et sanctorum spernunt propter multiplicationem festorum (der Passauer Anonymus zählt jährlich 120 Fest- und Feiertage), et dicunt, quod unus dies sit sicut alius et in festo operantur occulte. Vgl. Dav. v. Augsb. 208: In quadragesima et in aliis diebus jejuniorum ecclesiae non jejunant. Sätze 1398: Et licet beatae virginis et aliorum sanctorum vigilias jejunent, festa celebrent, hoc tamen faciunt vel ad ostentationem, ne notentur, vel ad solius Dei et non sanctorum laudem et honorem.

Dass indes der Sonntag bei ihnen gefeiert wurde, dafür s. die Pommer'schen Inquisitionsakten bei Wattenbach 38: Quod (haeresiarchae) injunxerint L Paternoster et dominicis centum. S. 36: Et quod non oporteret festa sanctorum ita constanter celebrare, sicut diem dominicam. Vgl. auch Cod. 3717 der Wiener Staatsbibl. (15. Jahrh.): Item nullum festum alicujus sancti sit celebrandum, sed dumtaxat dies dominicus sit festivandus et sexta feria jejunanda.

4) 1420, 14 Sätze: Die dominico excepto nulla alia festivitas est ex aliquo debito a fidelibus celebranda.

14. Fegefeuer.

Eine sehr folgenreiche und darum fast in allen Verzeichnissen der Inquisitoren hervorgehobene Lehre der Waldesier war, dass es für die Verstorbenen nur zwei Wege gebe, den Weg zum Himmel oder den Weg zur Hölle, und dass mithin die Lehre vom Fegefeuer zu verwerfen sei. Damit aber fielen zugleich auch alle Gebete, Opfer und Ablässe hin, welche zur Befreiung der Seelen von ihrer Pein von der Kirche angeordnet oder empfohlen wurden [1]).

Auch von den Taboriten wurde gleich in der Anfangszeit die Lehre vom Fegefeuer verworfen und die Verwerfung später mit einem grossen Aufwand von Beweismitteln gegenüber den Kalixtinern gerechtfertigt [2]).

15. Eid.

Wie die Verwerfung des Fegefeuers so wird auch die Verwerfung des Eides stets als eine für die Waldesier charakteristische Lehre von den Inquisitoren angegeben. Sie erklärten jeden Eid für eine tötliche Sünde, da Christus gesagt habe: Ihr sollt überhaupt nicht schwören; euere Rede sei Ja ja, Nein nein. Die mit einem „wahrlich" oder „gewiss" verstärkte Versicherung galt ihnen einem Eide gleich [3]). Zur Zeit Davids von Augsburg war man, wenigstens bei den französisch-deutschen Wal-

1) Cf. Pass. An. 646 sq.: Quod exequiae mortuorum, missae defunctorum oblationes, pompae funerum, testamenta, legata, visitatio sepolchrorum, vigiliae lectae et anniversaria et caetera suffragia animabus non prosunt. — Hos omnes errores habent, quia negant purgatorium, dicentes tantum duas vias esse: unam electorum ad coelum, aliam damnatorum ad infernum. Sätze von 1398 nr. 15: Solum duas esse vias post hanc vitam et nullum purgatorium. nr. 16: Vigiliae, missae, orationes, eleemosynae et quaelibet alia suffragia ecclesiae pro defunctis facta nullius esse roboris.
2) Prachatic an Koranda 1416: Purgatorium non esse. Pro defunctis non orare. Schreib. d. Pr. Uv. 25. Jan. 1417: Non esse purgatorium, Non esse orandum vel elymosinandum pro defunctis. Die 23. Art. der Prager gegen die Taboriten: 3. Purgatorium animarum praedestinatarum post hanc vitam est ponendum etc. 4. Quod in missis facienda est memoria pro defunctis etc. 5. Orationes et elimosynae et alia suffragia rationabilia facienda sunt pro defunctis ordinate. 14 Sätze von 1420: Post mortem corporalem animarum fidelium non est credendus locus purgatorius — aut tenendus, stultumque et inane est, pro fidelibus defunctis exorare aut alia pietatis opera exercere.
Vgl. dazu die ausführlichen Auseinandersetzungen mit den Kalixtinern in der Apologie v. 1431.
3) Pass. An. 647: Quod omne juramentum mortale sit peccatum. Matth. 5. Qui dicit vere vel certe, reputant juramentum. Vgl. Sätze v. 1398 nr. 71: Damnant et reprobant omnia juramenta qualitercunque et quantumcunque vera et judicialiter facta. Desgl. Pilichdorf a. s. Ort. und andere.

desiern, von der alten Strenge abgekommen, man scheint wenigstens den Credentes den Eid gestattet zu haben, da die Verweigerung desselben für die Inquisitoren ein Beweis war, dass der Angeschuldigte zur Sekte gehöre [1]).

In den taboritischen Schriften der späteren Jahre des Eides zu gedenken, war wohl durch die Verhältnisse wenig Anlass gegeben; aber aus den 23 Artikeln der Prager Magister vom Jahre 1418 ersehen wir, dass in der Zeit des Anfangs der taboritischen Partei der Eid für unerlaubt gehalten wurde [2]).

16. Todesstrafe.

Wenn auch die Waldesier nicht, wie es nach dem Passauer Anonymus scheinen könnte, jede Bestrafung eines Verbrechers durch die Obrigkeit verwarfen [3]), so erklärten sie doch die Todesstrafe für verwerflich [4]). Auch in dieser Frage finden wir bei den Taboriten im Anfang, als die Partei sich bildete, die gleiche Ansicht, wie dies aus den Antithesen der Prager Magister hervorgeht [5]).

17. Das weltliche und kanonische Recht.

Die Verwerfung des Eides und der Todesstrafe sind nur zwei irrtümliche Anwendungen des Grundsatzes der Waldesier, nach welchem die neutestamentliche Schrift auch für das staatliche Leben die oberste

---

1) Dav. v. Augsb. 215, 221: Jurare autem olim penitus non acquiescebant et per hoc facile tunc poterant deprehendi et multi de medio auferri. Sed modo cauti per hoc redditi, ne penitus deleantur, negant, jurant, perjurant, ut sic evadant, exceptis valde raris, qui pertinacius errores suos aperte confitentur, qui etiam perfecti apud eos reputantur et pro magistris reputantur vel habentur.
Vgl. auch Wattenbach, Ketzergerichte in Pommern und der Mark etc. 7. Auch hier galt die verstärkte Versicherung bei den Strengeren als Eid, bei den Uebrigen nicht.
2) Die 23 Antithesen der Prager 1418 nr. 7: Nemo audeat dicere aut tenere, quod in nullo casu esset jurandum etc.
Vgl. 12 Art. v. J. 1421: Quod in artificiis et foro providentur, ne fiant illusiones, spolia, usurae, juramenta, inutilitates et vanitates, doli etc.
3) p. 647: quod omnes judices et principes damnantur, et dicunt maleficos non damnandos, Rom. 12: Mihi vindictam et ego retribuam. Matth. 13: Sinite utraque crescere.
4) 1398 nr. 72: Damnant et reprobant imperatores, reges — — judices et scabinos propter quodcumque homicidium quantumcunque judicialiter et juste factum.
Vgl. auch Dav. v. Augsb. 208: Dicunt non licere occidere maleficos saeculare.
5) 23 Antithesen v. J. 1418: Nemo audeat dicere et tenere, quod malefici magni, si aliter mitius nec induci possunt nec corrigi, licite nullo modo possunt deo auctorisante per brachium saeculare interdum occidi.

Regel sein sollte. Die Einwürfe der Gegner aus dem alten Testamente weisen sie mit der Berufung auf den Geist der neutestamentlichen Zeit zurück [1]). Wie ihnen das kanonische Recht gegenüber der Schrift nichts galt [2]), so verwarfen sie auch die weltlichen Gesetze, wo sie ihnen der Schrift zu widersprechen schienen [3]). Sie verlangten von den Bischöfen und Aebten Verzicht auf das weltliche Regiment, von dem gesamten Klerus Verzicht auf den Zehnten und auf weltlichen Besitz, denn der Verfall der Kirche rühre daher, dass man seit dem Papste Sylvester weltlichen Besitz angenommen habe [4]). Die Anwendung des weltlichen Schwertes zur Ausbreitung des Glaubens oder zur Vertilgung des Unglaubens war ihnen Sünde [5]).

Auch die Taboriten wollten kirchliches wie weltliches Recht durch die Schrift normiert sein lassen [6]). Auch sie forderten von ihren Priestern Verzicht auf weltlichen Besitz [7]) und erklärten, dass man nach dem

---

1) Sendschreiben v. 1218 nr. 25 zeigt die freiere Stellung der italienischen Waldesier dem alttestamentlichen Gesetze gegenüber auf Grund des neutestamentlichen Geistes: Nec enim Paulus volentibus eum in legis servitutem redigere, ut ipse testatur, ad horum subjectione cessit, sed neque fideles ex circumcisione beato Petro post expositionem ordinis visionis et conversionis Cornelii opposuerunt, de hoc scilicet, quod nec Petrus nec coteri apostoli transacto crediderant tempore, gentes ad fidem in praeputio admittendas etc. Der Gedanke ist: Wie man dem Petrus, als er durch Gott belehrt worden war, dass die Beschneidung nicht mehr zum Heile notwendig sei, nicht bei seiner früheren gegenteiligen Meinung habe festhalten wollen, so dürfe man auch sie (die italienischen Waldesier) nicht an ihre frühere irrtümliche Meinung binden wollen.

Pass. An. Fl. 653: Wenn die Berufung auf das alttest. Gesetz noch gelte, dann müssten wir das ganze alttest. Gesetz halten: Si dicis ideo dandas (decimas), quia Judaei dabant: eadem ratione debemus alia legalia observare.

2) Pass. An. 645: Decretales et decretum et dicta (et) expositiones sanctorum respuunt et tantum inhaerent textui sacrarum literarum.

3) Sätze v. 1896 nr. 77: Damnant et reprobant leges imperiales etc.

4) Pass. An. 644: Quod decimae non sunt dandae. Quod clerici possessiones non debeat habere. Quod regalia non debent habere episcopi et abbates. Quod malum sit dotare et fundare ecclesias et claustra, et quod testamenta ecclesiis non sint ordinanda.

1b. 643: Quod ecclesia Romana non sit Jesu Christi, sed ecclesia malignantium, et quod defecerit a Sylvestro, cum venenum temporalium in ecclesiam infusum sit.

5) Pass. An. 643: Quod papa et omnes episcopi sunt homicidae propter bella.

Sätze v. 1398 nr. 73: Damnant et reprobant dominum apostolicum, mittantem bellatores contra sarracenos et crucem dantem vel praedicantem contra quoscunque paganos.

6) 12 Sätze von 1420: Quod jura paganica et teutonica, que non concordant cum lege Dei, tollantur et jure divino ut regatur, judicetur et totum disponatur.

7) 14 Sätze von 1420: Sacerdotes evangelici domos sis ratione elemosynae pro perpetuo a laicis concessas aut deputatas non possunt licite inhabitare nec possunt habere bona temporalia, jure civili ab eisdem subtracto penitus et ablato.

Gesetz der Gnade nicht verbunden sei, den Priestern den Zehnten zu geben, wiewohl sie selbstverständlich es für Pflicht erachteten, ihren Priestern das zum Unterhalt des Lebens Nötige zu reichen¹). Die Dotierung des Klerus durch Konstantin war auch ihnen eine Quelle des Verderbens für die Kirche und im Widerspruch mit dem „Glauben" ²). Nur hinsichtlich der Todesstrafe und der Kriegführung scheint zwischen den Waldesiern und den Taboriten ein Widerspruch zu bestehen, da die Waldesier, wie wir sahen, beides verwarfen, die Taboriten aber nicht bloss den Krieg mit furchtbarer Energie und zum Teil mit entsetzlichen Ausschreitungen führten, sondern auch kein Bedenken trugen, die bereits besiegten Gegner dem Tode zu überliefern. Aber auch die Waldesier in Oesterreich und Böhmen sahen wir zur Gewalt übergehen³), und aus der Art, wie die Taboriten sich wegen der Kriegführung gegen die Prager verteidigten, ist ersichtlich, dass bei ihnen ebenso die Handhabung des Schwertes als dem Geiste des Christentums widersprechend erkannt war, dass sie aber glaubten, die Kriegführung als Notwehr entschuldigen zu können. Ihre Lehrer erkennen ausdrücklich das Leiden um der Wahrheit willen und den Gebrauch der geistlichen Waffen als den sichereren Weg an, glauben aber einen Krieg nicht tadeln zu sollen, der gegen Feinde geführt werde, welche es auf die Austilgung der Wahrheit abgesehen hätten. Die dabei vorgekommenen Ausschreitungen verwarfen auch sie⁴).

---

1) Sätze von 1419: Chron. des Pelhřimow l. c. 478: 1. quod sacerdotes evangelici non debent possidere titulo juris civilis agros, census et terrenas haereditates, nec civiliter dominari.
2. quod decimae de lege gratiae ex debito non sunt sacerdotibus limitandae etc.
3. Quod sacerdotes legis gratiae omni titulo civilis dominii quoad agros etc. abrenuncient.
Vgl. auch den 4. der 4 Prager Artikel: Ut clerus relinquens dominium saeculare super divitiis et bonis temporalibus, quod more Caesareae dotationis contra praeceptum Christi occupat etc.
2) Conf. 1431. Lyd. 104 f.: Die allgemeinen Concilien sind nicht von gleicher Autorität wie die concilia Apostolorum in scriptura canonica expressata, quibus licet contradicere in his quae tradiderunt aut sententiaverunt contra fidem, quorum unum est dotatio cleri per Constantinum facta, quae in concilio Nicaeno autorizata est etc.
3) Vgl. den oben angeführten Brief des Papstes an Ulrich von Neuhaus und den Bericht des Inquisitors Petrus vom J. 1398.
4) Conf. 1431 bei Höfler l. c. 668, Lyd. 249; Ad primam partem culpae nobis objectae taliter respondemus, quod nos bella illa moderna, quae ex necessitate sicut praemittitur ad hunc finem erecta sunt, sed et dum continuarentur in caritate contra fidei destructores, innocentium oppressores vel alios pertinaces et sceleratos legis Dei transgressores, qui aliis modis lenioribus nullatenus a sua pertinacia et invasione fidelium reduci possent, — — illa nos bella omnino

18. Rückblick.

Es ist keine einzige der dargelegten waldesischen Lehren — und ich glaube nichts wesentliches übergangen zu haben — welche nicht auch bei den Taboriten wiederkehrte, und ebenso werden keine Lehren der Taboriten in deren erster Zeit sich finden, welche nicht, sei es in ihren Prinzipien, sei es in ihrer besonderen Ausgestaltung, hier in Vergleich gezogen wären. Auf Grund dieser Vergleichung aber wird man die völlige Uebereinstimmung der taboritischen Lehren der ersten Zeit mit denen der italienischen Waldesier in allen wesentlichen Punkten anerkennen müssen [1]).

Es dürfte noch ein Wort zu sagen sein über das Verhältnis der Taboriten zu Hus und Wiclif. Die Taboriten stehen der römischen Kirche und der kirchlichen Tradition weit schroffer gegenüber als Wiclif, was indes nicht ausschliesst, dass ihre Theologen z. B. in der Apologie von 1431 sich auch der Waffen Wiclifs zu Schutz und Trutz bedienen, wiewohl ohne ihn zu nennen. In einer Reihe sehr wichtiger Punkte, wie in der Lehre von der Kirche, von der Kraft der Sakramente, in der Lehre vom hl. Abendmahl, wie sie bei den Taboriten vor dem J. 1420 sich findet, in der Lehre vom Fegefeuer, von den Totenmessen, von der Verehrung der Heiligen und der Bilder stimmen die Taboriten nicht mit Wiclif, sondern mit den italienischen Waldesiern, beziehungsweise den Waldesiern überhaupt überein. Zudem findet sich die Prädestinationslehre Wiclifs bei den Taboriten nicht. Noch weiter aber als von Wiclif stehen die Taboriten von Hus ab, der in der Lehre von den Heiligen, den Reliquien, den Bildern, dem Fegefeuer, in der Lehre von der Tradition und den sieben Sakramenten der römischen Kirche noch viel näher ist als Wiclif. Nicht die Taboriten, sondern die Kalixtiner sind als die Erben des Hus anzusehen, die nur in mancher Hinsicht das Erbe zu gunsten der römischen Lehre wieder preisgegeben haben.

---

deturpare non audemus, quamvis viam fore securiorem dicebamus, pugnare spiritualiter, non cum gladio aureo verberando, sed Deum orando ac in tractatu hostes ad concordiam obsecrando et in illa reputata recordia mortem si oportet patiendo etc. Im Folgenden wird auseinandergesetzt, was sie gethan haben, um den Ausschreitungen zu begegnen. Auch hier ist der Text bei Lydius eingehender und zum Teil besser.

1) In neuerer Zeit hat auch H. Haupt a. a. O. S. 29 die taboritische und waldesische Lehre für identisch erklärt und eine ausführlichere Begründung der von ihm dargelegten Ansicht über das Verhältnis des Waldensertums zu der böhm. Reformbewegung des 15. J. in Aussicht gestellt.

Wenn nun gerade zu der Zeit, da die taboritische Partei sich bildete, die Taboriten so grosse Differenzen mit Hus und Wiclif zeigen, während ihre Lehren sich mit denen der italischen Waldesier in allem wesentlichen decken, und wenn zudem nun feststeht, dass es zahlreiche Waldesier der italienischen Richtung in Böhmen bis zur Zeit des Hervortretens der Taboriten gegeben hat, wenn wir sodann noch erwägen, dass vornehmlich die Landbevölkerung in Böhmen es war, wo zuerst die Waldesier und dann die Taboriten ihren grössten Anhang hatten, und dass gerade Südböhmen eine Hauptstätte der beiden Reformparteien war, so bleibt kaum ein anderer Schluss übrig, als dass die Taboriten ihr sie von den gemässigten Husiten oder den Kalixtinern unterscheidendes Gepräge von den Waldesiern erhalten haben.

V. Gleichzeitige geschichtliche Zeugnisse für den unmittelbaren Zusammenhang der Taboriten mit den Waldesiern.

Es fragt sich nun, ob auch gleichzeitige Zeugnisse uns auf die Waldesier als die geistigen Väter der Taboriten hinweisen. Leider haben wir nur sehr wenige Dokumente, welche uns Aufschlüsse über die innere Geschichte der Bildung der Taboritenpartei darbieten, aber unter diesen ist namentlich eines für unsere Frage von entscheidender Bedeutung. Es redet zugleich so deutlich, dass es Wunder nehmen muss, wie man es bisher hat unbeachtet lassen können. Es ist der schon oben benützte Brief des angesehenen Prager Magisters Christann von Prachatic an den Pfarrer von Pilsen, Wenzel Koranda. Der Brief gehört in die Zeit des Anfangs der Bildung der Taboritenpartei, und Palacky, der ihn mit anderen Dokumenten zur Geschichte des Hus und Husitentums hat drucken lassen, ohne ihn für die Frage zu verwerten[1]), setzt ihn in das Jahr 1416. Wenzel Koranda stand, wie sich aus dem Briefe ergibt, in früherer Zeit mit den Prager Magistern im Einklang, trat dann aber auf die Seite der Opposition und wurde einer der Führer der neuen Taboritenpartei. Prachatic giebt dem Schmerze über den Abfall Korandas von der gemeinsamen Sache den lebhaftesten Ausdruck. Wie sich aus dem Briefe

---

1) Documenta etc. 633 sqq.

ergibt, war dieser Abfall Korandas erst in der jüngsten Zeit erfolgt und bestand überhaupt der Kampf gegen die Prager Magister von seiten eines Teils der Husiten erst seit kurzer Zeit. „Nachdem es", so schreibt Prachatic, „dem schnöden Teufel nicht gelungen, durch Bann, Interdikt und Verketzerung die Einheit der Husiten von aussen her zu zerreissen, hat er Unkraut unter den Weizen gesät und etliche aus der Eintracht in der Lehre mit den Brüdern abtrünnig gemacht und zum Widerspruch gegen die Lehrmeinungen und Schriften der Prager Magister angereizt, wiewohl sie die Wahrheit enthalten; und etliche leider, die da wohl eifern, aber mit Unverstand, schlagen die brüderlichen Ermahnungen der Magister, die so oft an sie ergangen sind, in den Wind und folgen ihrem eigenen Kopf und den ungelehrten Leuten beiderlei Geschlechts, welche so vielfach unter dem Schein der Frömmigkeit die Herzen vieler Unschuldigen verwunden, die da raten, kein Fegefeuer anzunehmen, für die Verstorbenen nicht zu beten, die Heiligen nicht um ihre Fürbitte anzugehen, das Salve regina nicht zu singen, die unsicheren Reliquien der Heiligen auf den Abort zu werfen, endlich ihre Bilder zu verbrennen, oder sich überhaupt um die Ceremonien und Kirchengebräuche als um menschliche Erfindungen nichts zu kümmern, sondern vielmehr in allen Stücken den Gebräuchen der ursprünglichen Kirche sich anzuschliessen" [1]).

Es kann für jeden, der die Inquisitionsberichte über die Waldesier kennt, nicht der leiseste Zweifel sein, dass hier diese gemeint seien. Zuerst einige mehr äusserliche Merkmale. Prachatic bezeichnet verächtlich jene Verführer als ungelehrte Leute, und es ist bekannt, wie der Mangel an theologischer Bildung den waldesischen Lehrern auch sonst zum Vorwurf gemacht wurde (vgl. z. B. Pilichdorf: Sed tu, Waldensis haeretice et asine, et literas nescis et studia damnas). Nach Prachatic sind es Leute

---

[1] l. c. 684: et quidam, prohdolor, solum zelum habentes — — sequuntur suum proprium sensum et utriusque sexus homines indoctos, qui sub specie pietatis saepissime vulnerant multorum corda innocentum, qui suadent purgatorium non esse, pro defunctis non orare, suffragia sanctorum non advertere, Salve regina non cantare, reliquias sanctorum incertas sterquilinio projicere, imagines denique eorum igni comburere, nullasve cerimonias et ecclesiasticos ritus humanitus inventos curare, sed potius in cunctis ecclesiae primitivae ritibus se conformare.

beiderlei Geschlechts, welche die Husiten mit falschen Lehren anstecken, und wir wissen aus David von Augsburg, Pilichdorf, Bernhard Guidonis u. a., dass bei den Waldesiern auch die Weiber predigten. David von Augsburg (209): Non autem solum viri sed et feminae apud eos docent. Pilichdorf (280): Vetulae et mulierculae sunt ministrae tuae et venenum bibitum de te (haeresiarcha) taliter consueverunt in alios fundere. Pracbatic sagt von jenen ungelehrten Leuten beiderlei Geschlechts, welche Einfluss auf die Husiten gewannen: qui sub specie pietatis saepissime vulnerant multorum corda innocentum, und von der verführerischen Macht des frommen Wandels der Waldesier bemerkt auch Pilichdorf mit dem Passauer Anonymus und andern: Inter quos (haereticos) nostris temporibus haeresiarchae sectae Waldensium haereticorum plurimam Christi fidelium multitudinem suis perversis doctrinis sub quibusdam simulatae sanctitatis dulcedinibus errorum veneno mortifero letaliter infecerunt.

Dass es Waldesier waren, von deren Einfluss hier die Rede ist, wird aber vollständig klar, wenn wir die Punkte erwägen, die sie zu verwerfen raten: Sie raten das Fegefeuer, die Fürbitte für die Verstorbenen, die Anrufung der Heiligen, den Reliquien- und Bilderdienst, alle Ceremonien und Gebräuche, welche nicht schon die ursprüngliche Kirche gehabt hat, aufzugeben. Der Rückgang auf die ursprüngliche Gestalt der Kirche, die Beseitigung der menschlichen Traditionen, von denen hier eine Anzahl angeführt wird, die schroffe Stellung der Tradition gegenüber zeigt schon, dass hier nicht Leute verschiedener Richtung gemeint sind, die nur der Hass gegen die römische Kirche zusammenführt, sondern diese „ungelehrten Leute" bilden eine Opposition mit bestimmtem Programm, bilden eine Sekte, und da ist nun, wenn wir die einzelnen angeführten Stücke ins Auge fassen, an keine andere Sekte zu denken, als an die der Waldesier. Denn die Katharer kommen für diese Zeit in Böhmen überhaupt nicht mehr in Betracht, abgesehen davon, dass Pracbatic hier von Leuten beiderlei Geschlechts redet, welche Einfluss üben. Von den Brüdern und Schwestern des freien Geistes aber, die um diese Zeit allerdings in Böhmen vorkamen, würde zur Charakteristik ganz anderes hervorgehoben und schwerlich gesagt sein, dass sie sub specie sanctitatis ihren schädlichen Einfluss üben. Gerade die von Pracbatic angeführten Punkte sind Merkmale, bei denen man damals zunächst an die Waldesier dachte. Dies gilt vornehmlich von der Verwerfung des Fegefeuers, die unter den von Prachatic erwähnten Lehren an erster Stelle steht. So hebt der auf der Seite der Prager stehende gleichzeitige Brezowa gerade an diesem Punkte die Uebereinstimmung der Taboriten mit den Waldesiern hervor: Item purgatorium animarum esse post hanc vitam cum Waldensibus negabant [1]).

So tritt denn in dem Briefe des Prachatic an Koranda auch ein gleichzeitiges und unbestreitbares äusseres Zeugnis zu dem Beweise hinzu, der in der Vergleichung der Taboritenlehre mit der Lehre der italischen Waldesier liegt, dass es waldesischer Einfluss war, welcher der Opposition der Taboritenpartei gegen die Prager ihr unterscheidendes Merkmal aufgeprägt hat.

Wenn es aber unzweifelhaft ist, dass es Waldesier sind, denen nach dem Zeugnisse des Prachatic Koranda und seine Genossen folgen, wie kommt es, dass Prachatic diesen Namen nicht nennt? Bei einem Privatbriefe war es schwerlich Rücksicht auf den Ruf Korandas, der ihn den Ketzernamen nicht aussprechen liess, vielmehr wird der hier gleichgiltige Name nur deshalb hinter die Umschreibung zurücktreten, weil durch diese letzere ein Eindruck auf den Stolz Korandas gemacht werden sollte. Er, dessen Name, wie der Brief des Prachatic weiter sagt, vor kurzem noch von allen gelobt wurde, dem alles zuströmte, um sein Wort, seine Standhaftigkeit, seinen Eifer für die Wahrheit zu bewundern, lässt nun ungelehrte und scheinheilige Leute über sich und andere die Herrschaft gewinnen!

Dagegen wird es die Rücksicht auf den Ruf Böhmens gewesen sein, welche in den öffentlichen Schriften der Taboriten sowohl, wie ihrer kalixtinischen Gegner den verketzerten Namen der Waldesier zurückdrängte. Es ist schon von Palacky hervorgehoben worden, und der Eingang des Briefes des Prachatic und alle Schriften der Husiten bezeugen das, wie empfindlich die Böhmen waren, wenn das Konzil zu Kostnitz oder nachher das Konzil zu Basel gegen sie den Vorwurf der Ketzerei schleuderte. Auf dem wichtigen Kongress zu Brünn im J. 1435, wo vom 2. Juli an mit Kaiser Sigmund und den Gesandten des Baseler

---

1) l. c. 397.

Konzils von den Vertretern der Kalixtiner und Taboriten im Namen Böhmens wegen der Prager Kompaktaten verhandelt werden sollte, trägt Rokycana die Wünsche des Königreichs Böhmen vor, und hier folgt gleich nach Erwähnung der vier Prager Artikel der Wunsch, dass das Baseler Konzil den Seinigen nie mehr gestatte, die Böhmen zu verketzern oder ihre Ehre anzugreifen (Pal. III, 3. S. 195), und am 16. Sept. 1436 bezeichnet Rokycana in einer Predigt unter den drei Steinen, welche der Teufel in den Garten des Königreichs geworfen habe, als ersten den, dass die Böhmen Ketzer genannt werden (Czerwenka, Gesch. d. ev. Kirche in Böhmen I, 293).

Nun war allerdings zwischen den Taboriten und Kalixtinern schon viel und heftig über die Lehre gestritten worden, und es hatte ferner die Niederlage der Taboriten bei Lipan im J. 1434 die Macht und den Einfluss der Taboriten sehr beschränkt, aber dieses doch nicht so, dass man über sie nun rücksichtslos hätte hinweggehen können; denn wenn die Landtage Böhmens mit dem Konzil oder mit Sigmund unterhandeln, dann sind auch sie stets vertreten, und so sehr sehen sich die Böhmen bei den Verhandlungen über die näheren Bestimmungen der Prager Kompaktaten von 1433 durch die Gesandten des Konzils in Nachteil versetzt, so gross ist das Misstrauen der Böhmen gegen das Konzil und auch gegen Sigmund, dass die beiden Parteien die Versuche sich zu einigen oder wenigstens ein friedlicheres Verhältnis unter sich herzustellen, wiederholt erneuerten. So hatte man die beiderseitigen Streitfragen im J. 1434 dem Prager Magister, dem Engländer Payne zur schiedsrichterlichen Beurteilung übergeben, der zwei Jahre mit seinem Spruche zögerte, und als dann der Schiedsspruch die Taboriten nicht befriedigte, so hatten beide Parteien von neuem ein Schiedsgericht bestimmt, das, wenn es auch zu keinem Abschluss gelangte, doch die Wirkung hatte, dass der öffentliche Streit in einer gemässigteren Weise geführt wurde. So erklärt es sich denn zur Genüge, wenn wir sowohl in der Chronik des Taboritenbischofs Nikolaus wie in der Chronik des Kalixtiners Březowa, die dieser Zeit angehören, den Ketzernamen der Waldesier vermieden sehen. In der Taboritenchronik fehlt jede Beziehung auf die Waldesier, in der Chronik des Březowa wird er nur ein einziges Mal und zwar in der oben angeführten Stelle genannt, und auch da nur nebenbei, nur in Verbindung mit der Frage über das Fegfeuer, während unmittelbar vorher doch auch nur solche Sätze der Taboriten angeführt werden, welche bereits von den Waldesiern vertreten wurden. Es erklärt sich, wie schon gesagt, dieser Umstand, dass Březowa es vermeidet, die Taboritenpartei überhaupt als Waldesier zu bezeichnen, aus dem Friedensinteresse, das auf beiden Seiten sich kundgab, und aus dem Interesse, das beide Teile hatten, dem Konzil nicht Waffen aus dem eigenen Lager zur Verketzerung der Böhmen in die Hand zu liefern. Im Zusammenhange damit löst sich auch wohl die Frage, warum ein Mann, der, wie Palacky anerkennt, „frühzeitig eine umfassende Kenntnis der Waldenserlehre besass und daran Gefallen fand," und dessen Einfluss auf die Umbildung der Taboritengemeinde in die der böhmischen Brüder der grösste war, warum Peter Chelčicky sich nie zu den Waldesiern ausdrücklich bekannte. Dass Peter Chelčicky unter dem Einflusse der Lehre der Waldesier stand, davon ist auch Joroslav Goll überzeugt, und wenn er es auch „auffallend und unerklärlich" findet, dass Peter Chelčicky die Waldesier nirgends nennt, so glaubt er doch nicht, dass diese Thatsache geeignet sei, die für Palackys Annahme sprechenden Gründe zu entkräften. Auch ich glaube es nicht, ja die Punkte, in welchen Goll noch eine Differenz zwischen Peter und den Waldesiern sieht, fallen hinweg, wenn man, was Goll nicht gethan hat, die Lehre der italischen Waldesier mit Peters Lehre vergleicht; aber ich glaube, dass Peter dieselben Gründe gehabt hat, den Namen der Waldesier nicht zu nennen, welche bei den Taboriten und den Kalixtinern gewaltet haben.

Sehr beachtenswert ist ferner das Zeugnis eines gleichzeitigen österreichischen Chronisten über den Einfluss der Waldesier auf die husitische Bewegung, des Thomas Ebendorfer, der uns aus der Geschichte seiner Zeit manches wertvolle Material aufbewahrt hat. Er ist im J. 1387 zu Haselbach am Kamp geboren, in jenem an der Grenze Böhmens gelegenen Teile Niederösterreichs, wo die Waldesier von jeher ihre Anhänger hatten. Seit 1412 lehrte er an der Wiener Universität. Im Jahre 1431 wird er Vertreter der Universität auf dem Konzil zu Basel und beteiligt sich in der Folge an den Verhandlungen mit den Husiten [1]).

---

1) Vgl. über ihn Lorenz, Deutschlands Geschichtsquellen im Mittelalter 1876. I, 226 ff.

Er gedenkt der Zeit unmittelbar nach Husens Märtyertod, als die religiöse Bewegung, die sich an die Namen Hus und Wiclif knüpfte, an Macht gewann. Da hätten auch, so sagt er, die Waldesier, die sich bisher im verborgenen gehalten, die Gelegenheit wahrgenommen und ihr Haupt erhoben, indem sie zuerst heimlich ihre Irrtümer eingeführt, dann aber sie mit bewaffneter Hand zu verteidigen und sie auch andern aufzunötigen bestrebt gewesen wären[1]). Dann spricht er von Ziska und von den Gewaltthaten, welche unter ihm verübt worden seien, und sucht im Anschlusse daran die Parteien der Prager, der Waisen und der Taboriten zu charakterisieren. Die Schilderung ist einseitig und mangelhaft, aber auch bei dieser Schilderung hebt er, und zwar bei den Waisen, der Partei Ziskas, den Einfluss der Waldesier hervor. Multos etiam errores Waldensium assumserunt, non in ecclesiis, sed ubicunque locorum conficiunt, ideo ecclesias et monasteria vastant. Wir wissen, das gilt ebenso von den Taboriten, die Ziska gleichfalls in den Kampf geführt hat.

So bezeugt auch Ebendorfer die Einwirkung der Lehren der böhmischen Waldesier auf die husitische Bewegung. Die beiden Stellen stimmen zu dem, was wir in dem Briefe des Prachatic an Koranda lesen. Sie beziehen sich auf die Zeit, da die Taboritenpartei sich bildete, auf die Jahre 1416—1418. Bei Ebendorfer wird der Name der Waldesier ausdrücklich genannt. Der österreichische Geschichtschreiber hatte in dieser Beziehung keine Rücksicht zu nehmen.

In welchem Masse aber die Waldesier auf die radikalere Partei unter den Husiten Einfluss gewannen, das zeigt uns nicht Ebendorfer, sondern die Vergleichung, die wir zwischen der Waldesier- und Taboritenlehre vorgenommen haben.

Ein weiteres, noch ungleich wichtigeres Zeugnis dafür, dass die Taboriten die Fortsetzung der Waldesier seien, entnehmen wir dem Inquisitionsberichte aus der Mark Brandenburg vom Jahre 1458, über den uns Wattenbach gleichfalls eingehende Mitteilung gemacht hat[2]). Ich lasse

---

1) Chronicon Austriacum bei Pez, Script. rer. Austr. II, 846 ff: Ibi quoque sumta occasione Waldenses, qui usque latuerunt, suas cervices erexerunt, primum latenter suos inducentes errores, postea vero armata manu defensare et alios ad eosdem nisi sunt compellere.
2) Ueber die Inquisition etc. S. 71 ff.

hier die einleitenden Worte Wattenbachs folgen: „Hier finden wir nun eine neue Inquisition im J. 1458, ganz in denselben Ortschaften (wie bei der Inquisition gegen die Waldesier durch den Inquisitor Petrus in den J. 1393 und 1394), in der Neumark und in Angermünde. In einer Aussage erscheinen die bekannten Lehren der Waldenser. Wieder heisst es, dass sie von ihren Voreltern her diesen Glauben haben. Aber eine bedeutende Aenderung ist eingetreten; häretische Bischöfe in Böhmen, von einer Sekte, welche sie die treuen Brüder nennen, weihen ihnen in Sadeka ihre Lehrer, welche jetzt den regelmässigen Gang als Subdiakonen, Diakonen, Priester durchmachen, und in der Heimat sesshaft, neue Schüler gewinnen. Doch ist ausserdem auch noch von regelmässiger Visitation durch Priester aus Böhmen die Rede. Sie feiern, was vorher nicht vorkam, die Messe in deutscher Sprache und reichen die Kommunion sub utraque. Sie verehren Wiclef, Hus, Hieronymus; wir erkennen darin die inzwischen eingetretene Verbindung der Waldenser mit den Taboriten".

Einer der um ihres Glaubens willen zum Tode verurteilten Lehrer Matthäus Hagen, ein Laie und Schneider, ist zum Presbyter in der Sekte, die gewöhnlich die Sekte der „treuen Brüder" heisst, ordiniert worden von Friedrich Reiser, einem Bischof der Sekte, von welchem er zuvor schon zum Subdiakon und Diakon bestellt worden war, und zwar in Gegenwart eines gewissen Nikolaus, der auch Bischof der Sekte war, und dies war in der Stadt Saaz in Böhmen geschehen. Es ist aber dieser Bischof Nikolaus kein anderer als Nikolaus Pelhrimow, der Bischof der Taboriten[1]).

Diese Thatsache, dass die Taboriten in das waldesische Erbe in der Mark eintraten, und ferner, dass die Inquirierten von 1458 sich als derselben Sekte angehörig betrachteten, der schon ihre Vorfahren angehört hatten, lässt deutlich genug auf das Verhältnis der Taboriten zu den Waldesiern in Böhmen zurückschliessen. Die Taboriten sind die geistigen Söhne der Waldesier.

[1] Wattenbach a. a. O. 71. Ueber Friedrich Reiser s. Jung, Zeitschr. Timotheus, II. S. 87 ff. und II. Haupt a. a. O. S. 44 ff.

So treten also unseren Ermittelungen über die Geschichte der Waldesier in Böhmen und über das Verhältnis der taboritischen Lehre zur Lehre der italischen Waldesier auch zeitgeschichtliche Zeugnisse zur Seite, welche den aus der Lehre geführten Nachweis verstärken, dass die Taboriten die Fortsetzung der böhmischen Waldesier sind, nur, wie sich erwarten lässt, in einer Umwandlung und Gestaltung, wie sie durch die Zeitumstände bedingt war. Ueberblicken wir die ganze Zeitlage. Johannes Hus, der Stolz Böhmens, der Mann, in welchem auch die böhmischen Waldesier in vielen Stücken eine Rechtfertigung für die mehr als zweihundertjährige Opposition ihrer Sekte erblicken konnten, war vor kurzem zu Konstanz den Flammen überliefert worden. Durch strenge Massnahmen des Konzils, durch die Brandmarkung des böhmischen Volkes als eines ketzerischen war das seit Karl IV. so rege gewordene nationale Selbstgefühl der Böhmen bis zur höchsten Erbitterung gesteigert. Da konnten sehr bald schon die Prager Magister, in deren Hände die Stände Böhmens die Leitung der religiösen Bewegung gelegt hatten, den Entschiedneren unter den Anhängern des Hus nicht mehr genug thun. Hus selbst schien diesen auf halbem Wege stehen geblieben. Sie trennten sich von den Prager Magistern, deren etliche auf ihre Seite traten, und schrieben nun, wie wir aus dem Briefe des Prachatic ersehen haben, das Programm der radikaleren italisch-böhmischen Waldesier auf ihre Fahne, dem sie nun auch, da sie an Theologen, die zu Prag gebildet waren, keinen Mangel hatten, eine gelehrtere theologische Grundlage zu geben vermochten. Husitische Priester wie Koranda und andere und die von ihnen beherrschte Menge schmolzen mit den Waldesiern zur neuen Taboritenpartei zusammen, für deren Opposition die Lehren der Waldesier von nun an die Grundlage bildeten.